MAIK SCHACHT

AUFS BROT

AUFSTRICHE UND MEHR

MAIK SCHACHT

AUFS BROT

AUFSTRICHE UND MEHR

Fotografie: Matthias Hoffmann

MATTHAES VERLAG GMBH
Ein Unternehmen der dfv Mediengruppe

VORWORT

Brot bedeutet für mich Tradition. Ich glaube, es ist tief verwurzelt bei jedem, egal ob man es mit einem Gefühl an zu Hause, mit Oma-Erinnerungen oder mit Muttis Schulbroten verbindet. Und natürlich ist das Brotbacken ein uraltes Handwerk, das zum Glück wieder die angemessene Wertschätzung findet.

Das Reizvolle an diesem Buch war, zu zeigen, dass man mit etwas Kreativität und manchmal nur wenigen Zutaten aus einem einfachen, aber gut gebackenen Brot eine originelle und vollwertige Mahlzeit zaubern kann, egal ob zum Frühstück, für unterwegs oder für Freunde auf einer Party. Inspiration dabei waren für mich meine Kindheitserinnerungen, zum Beispiel an Omas leckere, mit Banane gefüllte Arme Ritter und meine Städtetrips und Reisen, bei denen ich viele regionale und internationale Spezialitäten kennen und lieben lernte. Meine Favoriten haben den Weg in dieses Buch gefunden, wie zum Beispiel das vietnamesische „Banh-Mi" oder der etwas weniger exotische „Alpengruß".

Brot ist ein so schlichtes Lebensmittel und bietet dennoch so unendlich viele Möglichkeiten. Auf den folgenden Seiten finden sich viele meiner Lieblingsrezepte wie das „Bergsteiger-Frühstück", das so simpel daherkommt, dabei aber unschlagbar lecker ist, oder auch Anregungen von Freunden, wie zum Beispiel „Theo's Pizza".

Der Fotograf Matthias Hoffmann, der die Brote bei den Aufnahmen unglaublich toll in Szene gesetzt hat, war auch deren begeisterter Testesser. Er ist der größte Fan dieser Rezepte geworden.

Zu guter Letzt sollen die Rezepte in diesem Buch auch eine Anregung für Sie sein, selbst kreativ zu werden. Seien Sie mutig und kombinieren Sie meine Aufstriche mit Ihren eigenen Lieblingszutaten oder tauschen Sie den Bergkäse gegen Ihren liebsten Ziegengouda.

Ich wünsche Ihnen jedenfalls viel Spaß beim Nachkochen und Genießen!

Ihr Maik Schacht

VORWORT

INHALT

BROTAUFSTRICHE

PESTO

Pinienkerne, Parmesan, Knoblauchzehen, Basilikumblättchen und Fleur de Sel in einen hohen Mixbecher geben, mit dem Pürierstab in Intervallen fein zerkleinern. Nach und nach Olivenöl zugeben und zu einer glatten Masse pürieren. Wenn die Masse noch zu fest ist, kann etwas Wasser oder zusätzliches Öl zugegeben werden.

50 g Pinienkerne
80 g geriebener Parmesan
2 Knoblauchzehen
2 große Bund Basilikum, abgezupft
Etwas Fleur de Sel
100 ml Olivenöl

☞ Pesto, in ein sauberes Glas abgefüllt und mit Olivenöl bedeckt, hält sich einige Tage im Kühlschrank.

PESTOCREME

Mascarpone, Frischkäse, Pesto und Sambal Oelek in einer Schüssel gut miteinander verrühren. Parmesan unterrühren und die Creme mit Salz und Pfeffer aus der Mühle abschmecken.

100 g Mascarpone
100 g Frischkäse, Doppelrahmstufe
100 g Basilikumpesto, selbst gemacht (s. o.) oder frisch aus dem Kühlregal
½ TL Sambal Oelek
40 g geriebener Parmesan
Salz, Pfeffer aus der Mühle

☞ Diese Creme ist ein Allround-Talent. Sie schmeckt hervorragend zu Gemüse, Käse, Schinken oder auch einfach nur pur auf Brot.

JÄGERPESTO

PILZCREME

JÄGERPESTO

250 g frische Pfifferlinge
1 rote Zwiebel
½ Knoblauchzehe
40 g Bacon
1 Bund Schnittlauch
2–3 EL Olivenöl zum Braten, plus **1–3 EL** zum Abschmecken
1 EL weiße Balsamicocreme
50 g geriebener Parmesan
Salz, Pfeffer aus der Mühle

Die Pfifferlinge mit einem Backpinsel von Erdkrümeln und Tannennadeln säubern, falls notwendig kurz mit kaltem Wasser abbrausen und mit Küchenpapier trocken tupfen. Pfifferlinge fein hacken. Zwiebel, Knoblauch und Bacon in feine Würfel, Schnittlauch in Röllchen schneiden.

2–3 Esslöffel Olivenöl in einer Pfanne erhitzen, die Pfifferlinge zugeben, anschwitzen und so lange dünsten, bis alle Flüssigkeit verdampft ist. Zwiebel-, Knoblauch- und Baconwürfel zugeben und 2–3 Minuten dünsten. Mit der Balsamicocreme ablöschen. Vom Herd nehmen und in eine Schüssel füllen. Parmesan und Schnittlauch untermischen und mit Salz sowie Pfeffer aus der Mühle abschmecken. Nach Geschmack 1–2 Esslöffel Olivenöl zugeben.

☞ Dieses Pesto schmeckt am besten, wenn Sie es lauwarm auf geröstetem Brot servieren. Ein toller Snack oder Starter zu einem Menü. Dazu passt ein kühler Weißwein.

PILZCREME

250 g Champignons
10 g getrocknete Steinpilze
1 Zwiebel
1 Knoblauchzehe
1 Zweig Thymian
3 EL Olivenöl zum Braten
4–5 EL Weißwein
½ Bund Petersilie
100 g Frischkäse, Doppelrahmstufe
Salz, Pfeffer aus der Mühle

Die Champignons putzen und in Scheiben schneiden, die Steinpilze in 100 ml heißem Wasser einweichen. Zwiebel und Knoblauch in Würfel schneiden, Thymianblättchen vom Zweig zupfen.

Olivenöl in einer Pfanne erhitzen und die Champignons darin anschwitzen, Zwiebel, Knoblauchwürfel und Thymianblättchen zugeben und alles 2–3 Minuten braten.

Die Steinpilze aus dem Einweichwasser nehmen und dieses durch einen Kaffeefilter filtern. Dann die Champignons mit diesem Einweichwasser, dem Weißwein und den Steinpilzen ablöschen. So lange dünsten, bis alle Flüssigkeit verdampft ist. Vom Herd nehmen und abkühlen lassen. Die Pilzmasse in einem Blitzhacker oder mit dem Pürierstab pürieren.

Petersilie fein hacken und zusammen mit dem Frischkäse unter die Pilzmasse mischen. Mit Salz und Pfeffer aus der Mühle abschmecken.

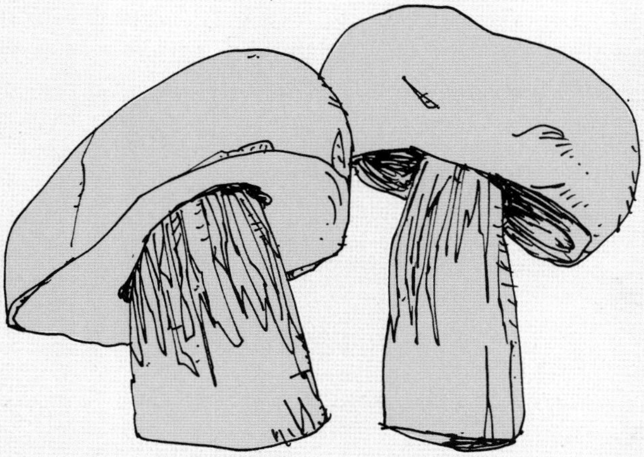

☛ Dieser Aufstrich schmeckt frisch und pur aufs Brot am besten. Schnell verbrauchen: Pilzzubereitungen eignen sich nicht für eine längere Aufbewahrung.

LACHS-RILLETTE

400 g Lachsfilet
1 Schalotte
1–2 EL Olivenöl
100 g Butter, zimmerwarm
1–2 TL Wasabipaste
1 Bund Dill
Abgeriebene Schale von einer **halben** Bio-Zitrone
1 EL Zitronensaft
Grobes Meersalz, Pfeffer aus der Mühle

Das Lachsfilet mit Salz und Pfeffer würzen, die Schalotte in sehr feine Würfel schneiden. Schalottenwürfel in einer ofenfesten Form verteilen, Lachsfilet darauf legen, mit 1–2 Esslöffeln Olivenöl beträufeln und im vorgeheizten Backofen bei 200 °C 8–10 Minuten garen. Abkühlen lassen.

Den Lachs mit den Schalottenwürfeln in eine Schüssel geben und mit einer Gabel zerdrücken. Butter und Wasabipaste zugeben und gut mischen.

Den Dill fein schneiden und mit der Zitronenschale und dem Saft dazugeben, alles gut vermengen und mit Meersalz und Pfeffer aus der Mühle abschmecken.

☛ Diese Rillette schmeckt ganz frisch und zimmerwarm auf einem geröstetem Weißbrot fantastisch. Der kühle Weißwein dazu ist fast obligatorisch. In Weckgläser gefüllt ist sie einige Tage haltbar.

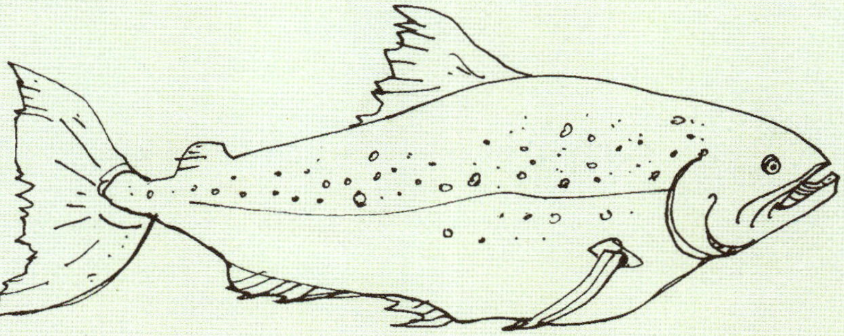

THUNFISCH-RILLETTE

Den Thunfisch in einem Sieb abtropfen lassen. In eine Schüssel geben, mit einer Gabel zerdrücken und mit der Mayonnaise vermischen.

Die Frühlingszwiebeln waschen, putzen und in feine Ringe schneiden. Abgetropfte Kapern und Oliven klein hacken und alles unter die Thunfischmasse rühren. Mit Zitronensaft, Meersalz und Pfeffer aus der Mühle abschmecken.

200 g Thunfisch aus der Dose
100 g Mayonnaise
3 Frühlingszwiebeln
20 g Kapern
30 g schwarze Oliven, entsteint
Zitronensaft, Salz,
Pfeffer aus der Mühle

☛ Diese Rillette ist ein Klassiker und schmeckt ebenso pur wie auch zu Geflügel oder Kalbfleisch, und am besten auf frisch geröstetem Weißbrot.

Wer lieber einen sämigen Aufstrich mag, püriert die Masse einfach mit einem Mixstab.

ENTEN-RILLETTE

2 Entenkeulen
3 EL Schmalz
100 ml Geflügelbrühe
2 Schalotten, halbiert
2 Zweige Majoran
2 Stängel Thymian
1 EL Cognac
2 Wacholderbeeren
Salz, Pfeffer aus der Mühle

Die Haut von den Entenkeulen abziehen. Das Schmalz in einem Topf erhitzen, die Haut zugeben und auslassen. Mit Brühe aufgießen. Entenkeulen, Schalotten, Majoran, Thymian, Cognac und Wacholderbeeren zugeben, mit etwas Salz und Pfeffer würzen und zugedeckt 4 Stunden köcheln lassen. Gelegentlich umrühren.

Die Keulen aus dem Topf nehmen, das Fleisch mit einer Gabel zerrupfen und in Weckgläschen geben. Schalotten, Kräuter, Wacholderbeeren und Entenhaut aus der Flüssigkeit nehmen und die Flüssigkeit so lange einkochen, bis nur noch das Fett zurückbleibt. Das Fett über das Entenfleisch gießen.

THUNFISCH-RILLETTE

GEFLÜGELLEBER-PATÉ

300 g Hühnerleber
kleine rote Zwiebel
2 Zweige Thymian
2 Stiele glatte Petersilie
2 EL Olivenöl
100 g Hackfleisch
3 EL Balsamessig
1 EL Agavendicksaft
100 g Butter, zimmerwarm
Grobes Meersalz, Pfeffer aus der Mühle, etwas Mehl zum Bestäuben

Die Hühnerleber putzen, von Sehnen befreien und in kleine Stücke schneiden. Zwiebel schälen und in feine Würfel schneiden. Thymianblättchen von den Stielen zupfen. Petersilienblättchen von den Stielen zupfen, grob hacken

2 Esslöffel Olivenöl in einer Pfanne erhitzen, die Leber mit 1 Esslöffel Mehl bestäuben und bei mittlerer Hitze 3–4 Minuten darin goldbraun braten. Aus der Pfanne nehmen und in eine Schüssel geben.

In dem Bratensatz das Hackfleisch und die Zwiebelwürfel anbraten, Thymianblättchen dazugeben und 2–3 Minuten braten. Mit dem Balsamessig und dem Agavendicksaft ablöschen. Alles zu der Hähnchenleber geben. Die Mischung mit der Butter und der Petersilie in einem Blitzhacker oder mit einem Pürierstab pürieren, mit Meersalz und Pfeffer aus der Mühle abschmecken.

☛ Dieser Aufstrich lauwarm auf krossem, in Butter geröstetem Brot ist umwerfend und braucht außer einem guten Weißwein keinen Begleiter.

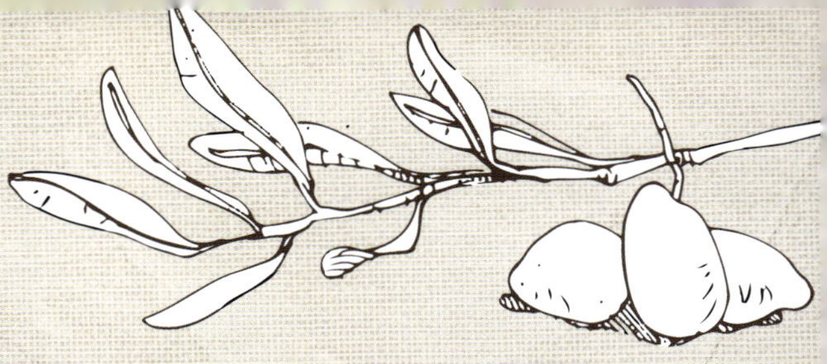

GRÜNE TAPENADE

☛ Jede Tapenade steht und fällt mit der Qualität der Oliven. Hier sollten Sie also nicht sparen.

Alle festen Zutaten grob hacken und zusammen mit dem Olivenöl in einem hohen Rührbecher kurz pürieren. Mit Salz und Pfeffer abschmecken.

150 g grüne Oliven, entsteint
2 Sardellenfilets
1 kleine Knoblauchzehe
1 EL Kapern
1 TL frische Thymianblättchen
4–5 EL Olivenöl
Grobes Meersalz, Pfeffer aus der Mühle

SCHWARZE TAPENADE

Alle festen Zutaten grob hacken und zusammen mit dem Olivenöl und Zitronensaft pürieren. Mit Salz und Pfeffer abschmecken

150 g schwarze Oliven
2 Sardellenfilets
1 Knoblauchzehe
1 EL Kapern
1 EL Zitronensaft
1 TL frische Oreganoblättchen
4–5 EL Olivenöl
Grobes Meersalz, Pfeffer aus der Mühle

ROTE TAPENADE

Die Tomaten grob zerkleinern, Chili entkernen und die Schalotte in Stücke schneiden. Alle Zutaten zusammen mit dem Olivenöl in einem hohen Rührbecher mit dem Mixstab pürieren. Mit Salz, Pfeffer und Zucker abschmecken.

150 g getrocknete Tomaten, in Öl eingelegt
1 kleine Chilischote
1 kleine Schalotte
1 EL Tomatenmark
1 Knoblauchzehe
4–5 EL Olivenöl
Grobes Meersalz, Pfeffer aus der Mühle, Zucker

Olive

ROTE ZIEGE

ROTE ZIEGE

Die Rote Bete, den Apfel, die Zwiebel in Würfel schneiden und in eine Schüssel geben. Frischkäse und Joghurt vermengen, mit dem Essig dazugeben und alles gut vermischen. Petersilie fein hacken und untermischen. Mit Salz, Pfeffer aus der Mühle und etwas Zucker pikant abschmecken.

100 g Rote Bete, vorgekocht
100 g Apfel, z. B. Elstar
½ rote Zwiebel
200 g Ziegenfrischkäse
50 g Joghurt
2 EL Fruchtessig, z. B. Cranberry-Essig
½ Bund Petersilie
Salz, Pfeffer aus der Mühle, Zucker

☛ Diese Auflage schmeckt herzhaft und erfrischend, am besten auf einem Roggenbrot. Ein gebratenes Fischfilet oder ein Matjesfilet als Krönung dazu, und schon hat man eine tolle Mahlzeit.

MEDITERRANE ZIEGE

Paprika waschen, Kerngehäuse entfernen und Fruchtfleisch in kleine Würfel schneiden. Frühlingszwiebeln in Ringe schneiden. Olivenöl in einer Pfanne erhitzen, Paprika und Frühlingszwiebeln darin 4–5 Minuten braten. Mit Kräutern, Salz und Pfeffer würzen und abkühlen lassen. Ziegenfrischkäse glatt rühren, dann Paprikawürfel und Zwiebelringe unterheben.

Walnüsse grob hacken und trocken in einer Pfanne rösten.

Brötchen aufschneiden, Aufstrich großzügig verteilen und mit gerösteten Walnüssen bestreuen.

½ Paprika
2 Frühlingszwiebeln
1 EL Olivenöl
1 Zweig Rosmarin
1 Zweig Thymian
(alternativ Kräuter der Provence)
Salz, Pfeffer aus der Mühle
150 g Ziegenfrischkäse
30 g Walnusskerne

KÄSE-CRUNCH

KÄSE-CRUNCH

Das Gemüse waschen und putzen, den Wurzelansatz vom Fenchel herausschneiden. Sellerie, Radieschen und Fenchel in hauchdünne Scheiben schneiden. Den Gruyère und den Parmesan mit einem Küchenhobel in feine Scheiben hobeln. Gemüse und Käse in einer Schüssel vermengen, Mayonnaise, Senf und Essig zugeben und alles gut vermischen. Mit Salz und Pfeffer aus der Mühle abschmecken. Den Schnittlauch in Röllchen schneiden und darüber streuen.

2 Stängel Staudensellerie
½ Fenchelknolle (etwa 100 g)
4 Radieschen
50 g Parmesan
50 g Gruyère oder anderer Hartkäse
1 EL Mayonnaise
1 TL grober Senf
1 EL Weißweinessig, oder weißer Balsamessig
1 Bund Schnittlauch
Salz, Pfeffer aus der Mühle

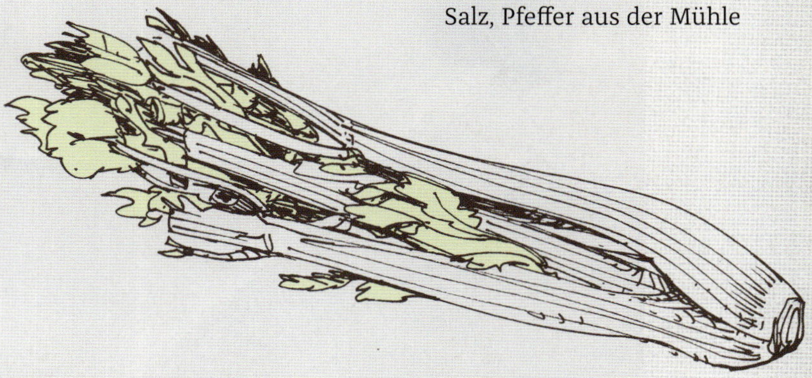

OBATZTER

Camembert mit einer Gabel zerdrücken, Frischkäse und Butter zugeben und glattrühren. Schalotte sehr fein würfeln und unterrühren. Mit Bier, Paprika, Salz und Pfeffer abschmecken.

250 g Camembert, sehr reif
125 g Frischkäse, Doppelrahmstufe
30 g Butter
1 Schalotte
2 EL Bier
Edelsüßes Paprikapulver, Salz und Pfeffer aus der Mühle

☛ Bestreuen Sie den Obatzten mit Schnittlauchringen.

CURRY-TOFU-AUFSTRICH

Den Tofu in eine Schüssel geben und mit einer Gabel fein zerdrücken, mit Joghurt, Currypulver, Limettensaft und Mango-Chutney gut verrühren. Die Rosinen klein hacken, Koriander fein schneiden und unterrühren. Mit Sojasauce, Salz und Pfeffer abschmecken.

150 g Seidentofu
100 g Sahnejoghurt
1 TL Currypulver
Saft von **einer halben** Limette
50 g scharfes Mango-Chutney (siehe S. 37)
30 g Rosinen
½ Bund Koriander
Sojasauce, Salz, Pfeffer aus der Mühle

☛ Dieser Aufstrich hält sich gut verschlossen, z. B. in einem Weckglas im Kühlschrank, einige Tage.

☛ Es ist ganz einfach, den Aufstrich vegan zuzubereiten. Ersetzen Sie einfach den Sahnejoghurt durch Sojajoghurt.

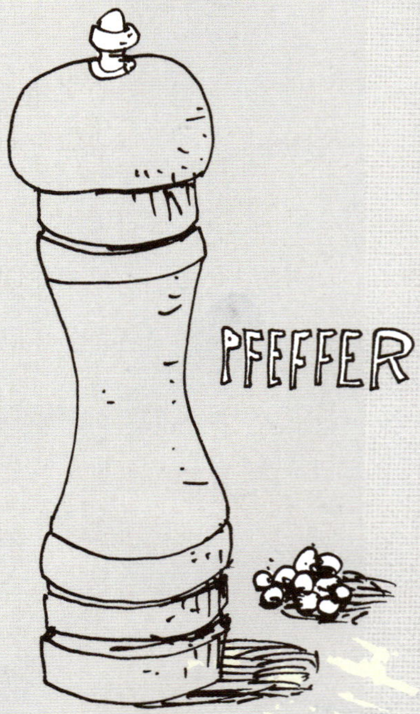

DATTELCREME

Die Datteln entsteinen und in feine Würfel schneiden, Walnüsse fein hacken.

Beides mit den beiden Frischkäsesorten, Chiliflocken und Ras el Hanout mischen, mit Meersalz und Pfeffer aus der Mühle abschmecken.

100 g getrocknete Datteln
50 g Walnüsse
100 g Doppelrahmfrischkäse
150 g Ziegenfrischkäse
1 TL Ras el Hanout
½TL Chiliflocken
Grobes Meersalz, Pfeffer aus der Mühle

☛ Diese Creme entfaltet ihr besonderes Aroma am besten auf frisch gebackenen und noch warmen Pizzabrötchen oder Scones.

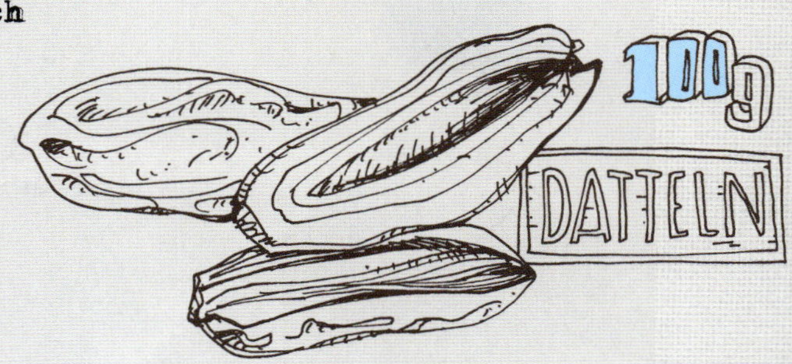

VEGANER DATTEL-FEIGEN-AUFSTRICH

Die Datteln entsteinen und mit den Feigen in feine Würfel schneiden, Walnüsse fein hacken.

Den Seidentofu mit dem Olivenöl und dem Zitronensaft pürieren, die Knoblauchzehe durch eine Presse drücken und zugeben, Datteln, Feigen und Walnüsse unterrühren und mit Ras EL Hanout, Chiliflocken, Salz und Pfeffer abschmecken.

100 g getrocknete Datteln
50 g getrocknete Feigen
50 g Walnüsse
300 g Seidentofu
2 EL Olivenöl
1 TL Zitronensaft
1 Knoblauchzehe
1 TL Ras EL Hanout
½ TL Chiliflocken
Grobes Meersalz, Pfeffer aus der Mühle

ORIENTALISCHE BUTTER

ORIENTALISCHE BUTTER

Die Pistazienkerne in einem Blitzhacker oder Mörser fein mahlen. Aprikosen, Feigen und Cranberries in feine Würfel oder Stückchen schneiden. Alles zu der zimmerwarmen Butter geben und gut mischen. Mit Garam Masala, Minze, Koriander, Salz und Pfeffer pikant abschmecken.

80 g Pistazienkerne
50 g getrocknete Aprikosen
50 g getrocknete Feigen
50 g getrocknete Cranberries
250 g Butter, zimmerwarm
1 TL Garam Masala
2 EL frische Minze, fein geschnitten
2 EL frischer Koriander, fein geschnitten
Salz, Pfeffer aus der Mühle

☛ Diese Butter pur auf frischem Baguette oder Fladenbrot ist super lecker. Wer Minze und Koriander nicht mag, kann das Rezept auch ohne diese Kräuter zubereiten.

CHILI-KORIANDER-BUTTER

Die Chilischoten waschen, längs aufschlitzen und Kerne entfernen. Chilis in kleine Würfel schneiden und unter die Butter mischen. Mit frischem Koriander, Korianderpulver, Cumin, Zitronensaft und Salz abschmecken.

1 rote Chilischote
1 grüne Chilischote
250 g Butter, zimmerwarm
4 EL frischer Koriander, fein geschnitten
1 TL Korianderpulver
½ TL Cumin
1–2 EL Zitronensaft
Salz

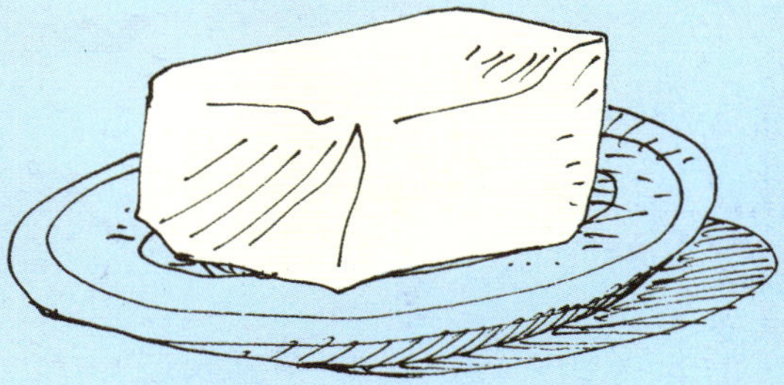

KRÄUTERBUTTER

Die Butter mit der Worcestersauce und dem Balsamessig glatt rühren. Den Knoblauch durch eine Presse drücken und zugeben, alle Kräuter klein schneiden und unterrühren. Mit Salz und Pfeffer abschmecken.

200 g Butter, zimmerwarm
1–2 Spritzer Worcestersauce
1 Spritzer weißer Balsamessig
2–3 Knoblauchzehen
Je **1 EL** Basilikum, Rosmarin, Thymian, Petersilie, Schnittlauch (frisch oder Tiefkühlware)
Salz, Pfeffer aus der Mühle

ROTES ZWIEBELCHUTNEY

ROTES ZWIEBELCHUTNEY

4 große rote Zwiebeln (ca. **500 g**)
100 g Gelierzucker, 1:2
100 g brauner Zucker
5 EL Rotwein
5 EL Balsamessig
20 g Rosinen
3 Nelken
1 Zimtstange
1 kleine Chillischote
1 Lorbeerblatt
1 Prise Salz, Pfeffer aus der Mühle

Die Zwiebeln schälen, halbieren und in Würfel schneiden. Mit allen übrigen Zutaten in einen Topf geben, gut mischen, aufkochen und bei kleiner Hitze 5 Minuten köcheln lassen. Mit etwas Salz und Pfeffer würzen. Noch heiß in Weckgläser füllen und verschließen.

☞ Dieses Chutney passt sehr gut zu einer Käseplatte, zu kurz gebratenem Fleisch oder einfach nur pur auf einem krossen Brot.

MANGO-CHUTNEY

1 Mango (ca. **350 g**)
1 Schalotte
2 cm großes Stück Ingwer
1 rote Chilischote
1 Bio-Limette
1 EL Sesamöl
2–3 EL weißer Balsamico
1–2 EL weißer Portwein
50 g Zucker
Anis, Nelken, Kardamom, Zimt (nach Geschmack)
Salz und Pfeffer aus der Mühle

Mango schälen und Streifen des Fruchtfleisches abschneiden. Wenn der Kern vollständig ausgelöst ist, das Fruchtfleisch in kleine Würfel schneiden. Schalotte und Ingwer schälen und getrennt in feine Würfel schneiden. Chilischote waschen, aufschneiden, entkernen und in feine Streifen schneiden. Schale der Limette abreiben und Limette auspressen.

Öl in der Pfanne erhitzen, Schalotten zugeben und hell andünsten. Ingwer und Chili zugeben und eine Minute mitdünsten. Zucker zugeben und hell karamellisieren lassen. Mit Limettensaft, Balsamico und Portwein ablöschen. Mango zugeben und 35 bis 40 Minuten köcheln lassen. Dabei immer wieder umrühren und bei Bedarf etwas Wasser zugeben.

Zuletzt das Chutney mit den Gewürzen, etwas Limettenabrieb, Salz und Pfeffer abschmecken. Sofort heiß in Weckgläser füllen und verschließen.

MANGO-CRANBERRY-CHUTNEY

LIMETTEN-CHUTNEY

MANGO-CRANBERRY-CHUTNEY

Die Mango schälen und den Kern auslösen. Getrocknete Cranberrys grob hacken, Aprikosen, Zwiebel und Mango fein würfeln, Chilli entkernen und in feine Ringe schneiden. Zusammen mit den frischen Cranberries, dem Essig, 100 ml Wasser und Zucker in einem Topf unter Rühren aufkochen und dann 4–5 Minuten sprudelnd weiterkochen. Vom Herd nehmen und sofort bis zum Rand in Twist-off-Gläser füllen.

100 g getrocknete Cranberrys
100 g getrocknete Aprikosen
1 Mango (ca. **450 g**)
1 Zwiebel
1 rote Chillischote
150 g frische Cranberrys
100 ml Weißweinessig
250 g Gelierzucker, 1:1

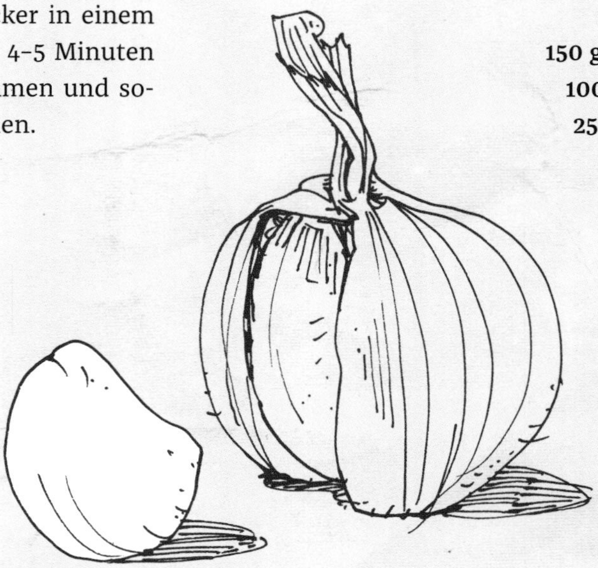

KÜRBIS-BIRNEN-CHUTNEY

Den Kürbis entkernen und in kleine Würfel schneiden. Birnen schälen, entkernen und ebenfalls feinwürfeln. Schalotten in feine Würfel schneiden, Knoblauch zerdrücken, Ingwer schälen und fein hacken, Chili entkernen und in feine Ringe schneiden. 1 Esslöffel Olivenöl erhitzen und Zwiebelwürfel, Knoblauch, Ingwer, Chili und Koriander kurz anschwitzen. Alle anderen Zutaten zugeben und bei schwacher Hitze und ständigem Rühren 15–20 Minuten dicklich einkochen. Zimtstange entfernen, mit Salz, Pfeffer abschmecken und in Twist-off Gläser füllen.

1 Hokkaidokürbis, **ca. 500 g**
2 Birnen, z. B. Williams oder Abate
2 Schalotten
1 Stück Ingwer (**ca. 30 g**)
1 Knoblauchzehe
1 rote Chili
1 Zimtstange
1 TL gemahlener Koriander
150 ml Orangensaft
100 ml Weißweinessig
250 g brauner Zucker
1 TL Salz, Pfeffer aus der Mühle, Olivenöl

LIMETTEN-CHUTNEY

8 Bio-Limetten
1 große Zwiebel
1 Stück Ingwer (ca. **20 g**)
1 rote Chilischote
100 ml Weißweinessig
2 TL grobes Meersalz
250 g Gelierzucker, 1:1
2 Sternanis
5–6 Kardamomkapseln
1 TL Koriandersamen

Die Hälfte der Limetten waschen und die Schale mit einer Reibe oder einem Zestenreißer abreiben. Mit einem Messer die Limetten von der weißen Innenhaut befreien. Dann vierteln und in dünne Scheiben schneiden.

Zwiebeln in feine Würfel schneiden, Ingwer schälen und fein reiben, Chilli entkernen und in feine Ringe schneiden. Alles zusammen mit 100 ml Wasser, Essig, Salz und Zucker in einen Topf geben. Die Gewürze in einem Mörser leicht zerdrücken und in ein Teeei oder einen Papierteebeutel füllen. In den Topf geben und alles unter Rühren aufkochen.

4–5 Minuten sprudelnd kochen lassen, vom Herd nehmen und die Limettenschale unterrühren. Noch heiß bis zum Rand in Twist-off-Gläser abfüllen.

☛ Der spezielle Kick für einen selbstgemachten Burger.

HEISS BEGEHRT UND PIKANT

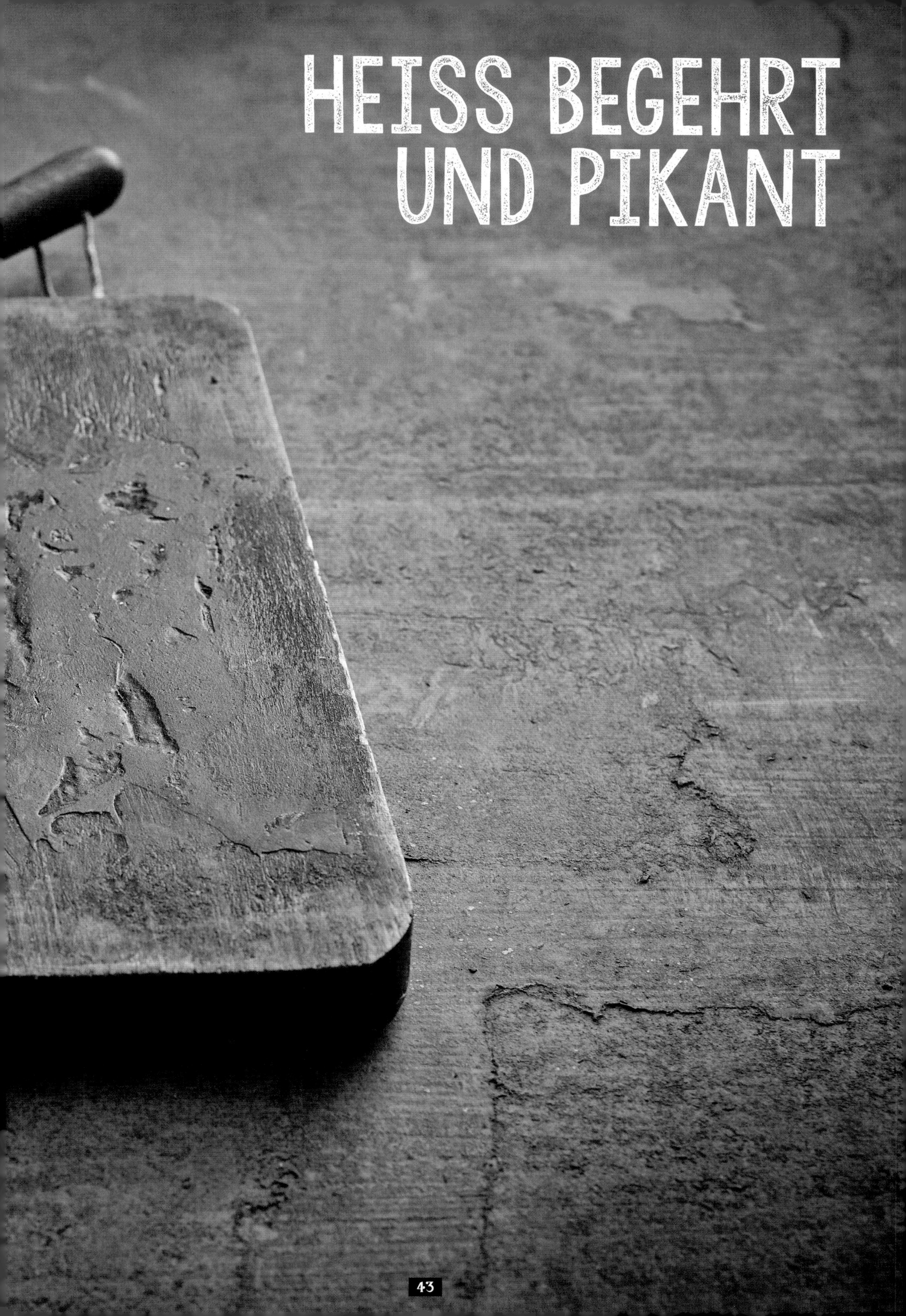

HEISSE ENTENLEBER MIT APFEL

FÜR 2 PERSONEN

200 g Entenleber
1 kleiner Apfel, z. B. Elstar
1 kleine rote Zwiebel
Etwas Mehl zum Bestäuben
1 EL Butter
2 EL weiße Balsamicocreme
2 dicke Scheiben Sauerteigbrot (ca. **200 g**)
Grobes Meersalz, Pfeffer aus der Mühle
Einige Blätter rotes Basilikum

Die Entenleber putzen, von Sehnen befreien und in grobe Stücke teilen.

Den Apfel waschen, das Kerngehäuse ausstechen und den Apfel in dünne Scheiben schneiden. Die Zwiebel schälen und in Streifen schneiden.

Die Leberstücke in Mehl wenden, überschüssiges Mehl abklopfen.

Butter in einer Pfanne erhitzen und die Leber darin bei mittlerer Hitze 3–4 Minuten goldbraun braten, mit Meersalz und Pfeffer würzen. Aus der Pfanne nehmen und warm stellen.

In dem Bratensatz die Apfelscheiben und Zwiebelstreifen 1–2 Minuten anbraten, dann mit der Balsamicocreme ablöschen und vom Herd nehmen. Die Leberstücke zugeben und alles gut durchschwenken.

Die Brotscheiben im Ofen oder einer Pfanne kurz anrösten und die noch warme Leber darauf anrichten. Mit frischen Basilikumblättchen bestreuen.

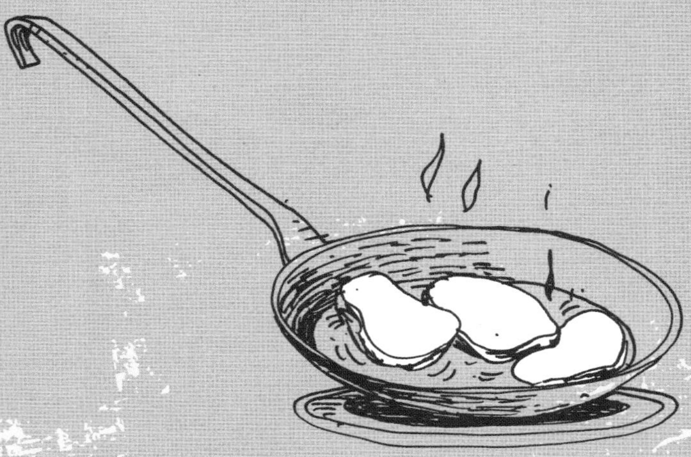

ÜBERBACKENES RÜHREI UND THUNFISCH-RILLETTE

FÜR 2 PERSONEN

2 Scheiben Brot, z. B. Weizenbrot
3 Eier
3 EL Sahne
2–3 Blätter grüner Blattsalat, z. B. Römersalat
3–4 EL Thunfisch-Rillette (Rezept Seite 18)
1 TL Butter
50 g geriebener Käse zum Überbacken, z. B. Emmentaler
½ Bund Schnittlauch
Salz, Pfeffer aus der Mühle

Die Brotscheiben in einer beschichteten Pfanne oder im Toaster goldbraun rösten. Eier mit Sahne gut verschlagen, mit Salz und Pfeffer würzen. Die Brotscheiben mit Salatblättern belegen, darauf die Thunfisch-Rillette verteilen.

In einer beschichteten Pfanne die Butter zerlassen und die Rühreimasse bei starker Hitze kurz zu einem saftigen Rührei braten. (Es soll noch glänzen, da es beim Überbacken nachgart.)

Rührei auf den Broten verteilen, mit geriebenem Käse bestreuen und unter dem Grill auf oberster Schiene kurz überbacken. Schnittlauch in Röllchen schneiden und darüber geben.

☞ Zusammen mit einem frisch gepressten Orangensaft und anschließendem Cappuccino ein herrliches zweites Frühstück.

SPINATSCHNITTE

FÜR 2 PERSONEN

⅓ Ciabattabrot
50 g getrocknete Tomaten
1 kleine Zwiebel
1 Knoblauchzehe
200 g Babyspinat
3–4 EL Olivenöl
2 Eier
3–4 EL Weißweinessig
30 g geriebener Parmesan
Salz, Pfeffer aus der Mühle

Die Ciabatta quer halbieren und in einer Pfanne ohne Fett goldbraun rösten. Die Tomaten mit heißem Wasser übergießen und 5 Minuten quellen lassen. Den Spinat putzen und waschen. Tomaten abtropfen lassen. Zwiebel in Streifen, Knoblauch in Scheiben schneiden, beides in heißem Olivenöl anschwitzen. Spinat und Tomaten dazugeben und alles 3–4 Minuten dünsten. Mit Salz und Pfeffer würzen.

In einem kleinen Topf Wasser zum Kochen bringen, Essig und eine Prise Salz hinzufügen. Dann die Hitze auf die kleinste Stufe reduzieren. Das Wasser sollte nicht mehr kochen. Jedes Ei einzeln in eine Suppenkelle aufschlagen und langsam in das Wasser gleiten lassen. Die Eier sollten dort 4–5 Minuten ziehen.

Spinat und Tomaten auf die Brothälften verteilen, pochierte Eier darauf setzen und mit Parmesan bestreuen.

Noch warm servieren.

GEGRILLTER ZIEGENFRISCHKÄSE

GEGRILLTER ZIEGENFRISCHKÄSE

FÜR 2 PERSONEN

2 Scheiben herzhaftes Sauerteigbrot
150 g Ziegenfrischkäse
1 reifer Pfirsich
1 EL Zitronensaft
1 TL Zucker
1 EL Basilikum-Pesto (siehe S. 11)
Frisches Basilikum
Grobes Meersalz, Pfeffer aus der Mühle

Das Brot in einer Pfanne oder im Ofen kurz rösten. Mit dem Frischkäse bestreichen.

Den Pfirsich halbieren, den Stein entfernen, in Spalten schneiden. In eine Schüssel geben, Zitronensaft und Zucker zugeben und vorsichtig mischen. Die Spalten in einer Grillpfanne von beiden Seiten kurz anbraten und noch warm auf den Broten verteilen. Mit Pesto beträufeln, mit Salz und Pfeffer würzen und mit Basilikumblättchen garnieren.

ZIEGENFRISCHKÄSE MIT SPECK

FÜR 2 PERSONEN

2 Scheiben herzhaftes Sauerteigbrot
150 g Ziegenfrischkäse
1 kleine rote Zwiebel
6 dünne Scheiben Bauchspeck
Salz und Pfeffer aus der Mühle

Das Brot in einer Pfanne oder im Ofen kurz rösten. Mit dem Frischkäse bestreichen.

Die Zwiebel schälen, in Ringe schneiden und in einer Pfanne anbraten, bis sie etwas gebräunt sind. Direkt auf dem Frischkäse verteilen. In derselben Pfanne die Speckscheiben kross braten und ebenfalls auf den Broten verteilen. Sofort essen.

BERGSTEIGER-FRÜHSTÜCK

FÜR 2 PERSONEN

4 Scheiben Kastenweißbrot
1 EL rotes Pesto
1 EL Tomatenmark
1 TL Sambal Oelek
200 g kräftiger Bergkäse, gereift (zum Beispiel Gruyère oder Comté)
4 Scheiben Bacon
Butter zum Braten
Pfeffer aus der Mühle

Rotes Pesto mit Sambal Oelek und Tomatenmark verrühren, 2 Brotscheiben damit bestreichen. Bergkäse in dicke Scheiben schneiden und die Brote damit belegen. Die anderen beiden Brothälften darauf setzen. Die Sandwiches halbieren und jedes Rechteck mit einer Scheibe Bacon umwickeln.

In einer beschichteten Pfanne etwas Butter zerlassen und die halbierten Sandwiches bei mittlerer Hitze von allen Seiten goldbraun braten.

Sofort servieren, heiß genießen und dahinschmelzen.

LAMMBURGER

LAMMBURGER

FÜR 2 PERSONEN

1 Altbackenes Brötchen
250g Lammhackfleisch, ersatzweise Rinderhackfleisch
1 Ei, Größe L
1 TL Sambal Oelek
1 Knoblauchzehe
Je ½ Paprikaschote, rot und gelb
1 Zwiebel
1 EL weißer Balsamicoessig
2 große, rustikale Sauerteig- oder Kartoffelbrötchen
1 Handvoll grüner Blattsalat
2 EL Limetten-Chutney (siehe S. 39)
Olivenöl, Meersalz, Pfeffer aus der Mühle

Altbackenes Brötchen in kaltem Wasser einweichen, danach gut ausdrücken und zusammen mit Hackfleisch, Ei, Sambal Oelek und der zerdrückten Knoblauchzehe zu einer Masse verkneten. Mit Salz und Pfeffer abschmecken. Mit feuchten Händen daraus 2 große, flache Frikadellen formen.

Paprika und Zwiebel in dünne Streifen und Ringe schneiden. In einer Pfanne im heißen Olivenöl 2–3 Minuten dünsten, mit dem Essig ablöschen, mit Salz und Pfeffer würzen.

Die Brötchen halbieren und in einer Pfanne ohne Fett auf den Schnittflächen knusprig braun rösten. Die Frikadellen in einer Pfanne mit Olivenöl nach Geschmack medium oder durch braten. Die unteren Brötchenhälften mit Salatblättern belegen, darauf das Paprikagemüse verteilen. Die Frikadellen platzieren, darauf das Limetten-Chutney verteilen und den Deckel darauf setzen. Sofort genießen.

ÜBERBACKENER BROTSALAT

FÜR 2 PERSONEN

½ Ciabattabrot
6 kleine Tomaten
1 gelbe Paprika
1 rote Zwiebel
1 Knoblauchzehe
50 g getrocknete Tomaten, in Öl
Je 40 g Oliven, schwarz und grün
3 EL dunkler Balsamicoessig
1 TL Senf
1 TL Honig
5 EL Olivenöl
50 g frischer Parmesan
50 g Käse zum Überbacken, z. B. Gouda
Meersalz, Pfeffer aus der Mühle

Ciabatta in dünne Scheiben schneiden und in einer Pfanne ohne Fett goldbraun rösten.

Frische Tomaten vierteln, Paprika putzen und in dünne Streifen schneiden. Zwiebel in Ringe, Knoblauch in dünne Scheiben schneiden, beides in 1–2 Esslöffel Olivenöl 1–2 Minuten anschwitzen.

Brotscheiben, Tomaten, getrocknete Tomaten, Paprika, Zwiebeln, Knoblauch und Oliven in einer ofenfesten Form mischen. Balsamico, Senf, Honig, Salz, Pfeffer und Olivenöl zu einer Vinaigrette verrühren und über den Salat träufeln. Mit grob geriebenem Parmesan und Gouda bestreuen.

Im Ofen unter dem Grill bei höchster Stufe für 4–6 Minuten goldbraun überbacken und sofort servieren.

MÄNNERGLÜCK

FEIGE ZIEGE

MÄNNERGLÜCK

FÜR 2 PERSONEN

2 kleine Fladenbrote
100 g Pimentos de padrón
2–3 EL Olivenöl
1 Steak vom Rind, **300–400 g** schwer, z. B. Entrecôte
1 Zwiebel
Öl zum Frittieren
3 EL Ketchup
2 EL süß-scharfe Chilisauce
Grobes Meersalz, Pfeffer aus der Mühle

Die Brote quer aufschneiden und in einer Grillpfanne oder im Ofen knusprig braun rösten.

Die Pimentos mit dem Olivenöl in einer Pfanne bei mittlerer Hitze 10–12 Minuten braten, mit Meersalz würzen, auf Küchenpapier abkühlen lassen.

Die Stiele vorsichtig herausziehen.

Das Steak in einer Grillpfanne scharf anbraten, mit Salz und Pfeffer würzen und je nach Dicke bei kleiner Hitze und mehrmaligem Wenden nach Wunsch medium oder medium rare braten. 5 Minuten ruhen lassen. Zwiebel in feine Ringe schneiden und in Öl goldbraun frittieren, auf Küchenpapier abtropfen lassen.

Die unteren Brothälften mit Pimentos belegen, das Steak in Scheiben schneiden und darauf verteilen. Ketchup und Chilisauce mischen und darübergeben, mit Zwiebelringen abschließen. Die oberen Brothälften als Deckel drauf, in die Hand und herzhaft reinbeißen. Servietten nicht vergessen!

FEIGE
ZIEGE

FÜR 2 PERSONEN

2–3 Scheiben Roggenbrot oder Kürbisbrot
1 kleine Ziegenrolle (200 g)
3 reife Feigen
50 g Walnusskerne
1–2 Zweige Thymian
2 EL Feigensenf
1–2 TL Honig

Brotscheiben im Ofen kurz knusprig rösten. Ziegenkäse und Feigen in dünne Scheiben schneiden. Walnüsse grob hacken. Thymianblättchen von den Stielen zupfen.

Die Brotscheiben mit Feigensenf bestreichen, mit Käse- und Feigenscheiben belegen und mit gehackten Walnüssen und Thymian bestreuen. Im Ofen unter dem Grill 5–7 Minuten überbacken. Noch warm mit Honig beträufeln und sofort genießen.

RED PULLED PORK

RED PULLED PORK

FÜR 6–8 PERSONEN

2 Roggenbaguettes
150 g Rotkohl
1 rote Zwiebel
4 EL Rotweinessig
4 EL Sonnenblumenöl
2–3 EL rotes Zwiebelchutney (Rezept S. 37)
300 g Pulled pork (Fertigprodukt, da aufwändig in der Herstellung)
3–4 EL Chilisauce
Grobes Meersalz, Pfeffer aus der Mühle, Zucker

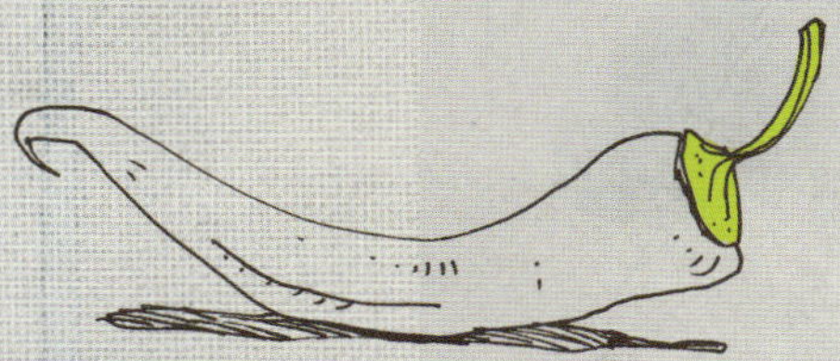

Die Baguettestangen aufschneiden und die Schnittflächen in einer Pfanne oder im Ofen knusprig anrösten.

Rotkohl und Zwiebel in sehr feine Streifen schneiden, in einer Schüssel mit Essig und Öl marinieren, mit Salz, Pfeffer und etwas Zucker würzen.

Pulled Pork nach Anweisung im Ofen 20–30 Minuten garen.

Die unteren Hälften der Baguettes mit Zwiebelchutney bestreichen. Den Rotkohl darauf verteilen, Pulled pork in Streifen zupfen und die Baguettes damit belegen. Zum Schluss mit Chilisauce beträufeln.

PIZZABROTCHEN

PIZZABRÖTCHEN – DIE SCHNELLSTE PIZZA!

FÜR 2 PERSONEN

50 g Salami
50 g gekochter Schinken
50 g Champignons
10 Oliven ohne Stein
80 g geriebener Käse
5 EL Sahne
Oregano
2 Brötchen

Salami, Schinken und Champignons klein schneiden. Oliven in Ringe schneiden. Diese Zutaten mit geriebenem Käse und Sahne mischen und mit Oregano abschmecken.

Die Brötchen aufschneiden, die Masse darauf verteilen und bei 200 °C 10–15 Minuten überbacken

CAPRESE-PIZZABRÖTCHEN

FÜR 2 PERSONEN

2 EL Tomatenmark
1 EL Olivenöl
2 Brötchen
2 Mozzarella
2 Tomaten
4 Basilikumblättchen
3–4 EL geriebener Käse
Pfeffer aus der Mühle, Salz

Das Tomatenmark mit Olivenöl glatt rühren. Die Brötchen aufschneiden und mit dem angerührten Tomatenmark bestreichen. Mozzarella aus der Flüssigkeit nehmen und in schmale Scheiben schneiden. Die Tomaten waschen und ebenfalls aufschneiden.

Mozzarella und Tomaten im Wechsel auf die Brötchen legen. Basilikum in Streifen schneiden. Die Fläche mit dem Käse bestreuen, mit Pfeffer und Salz würzen und bei 200 °C 10–15 Minutenüberbacken. Mit Basilikumstreifen bestreuen.

TONNO-PIZZABRÖTCHEN

FÜR 2 PERSONEN

Das Tomatenmark mit Olivenöl glatt rühren. Die Brötchen aufschneiden und mit dem angerührten Tomatenmark bestreichen. Die Zwiebeln schälen, in feine Ringe schneiden und in etwas Olivenöl glasig dünsten. Paprika in schmale Streifen schneiden. Den abgetropften Thunfisch mit Zwiebelringen, Paprikastreifen und Käse mischen und auf den Brötchenhälften verteilen.

Mit Oregano, Pfeffer und Salz würzen und bei 200 °C 10–15 Minuten überbacken.

2 EL Tomatenmark
1 EL Olivenöl plus etwas zum Braten
2 Brötchen
2 kleine Zwiebeln
¼ rote Paprikaschote
1 Dose Thunfisch
80 g geriebener Käse
Oregano, Pfeffer aus der Mühle, Salz

GEMÜSE-CROSTINI
MIT FETA

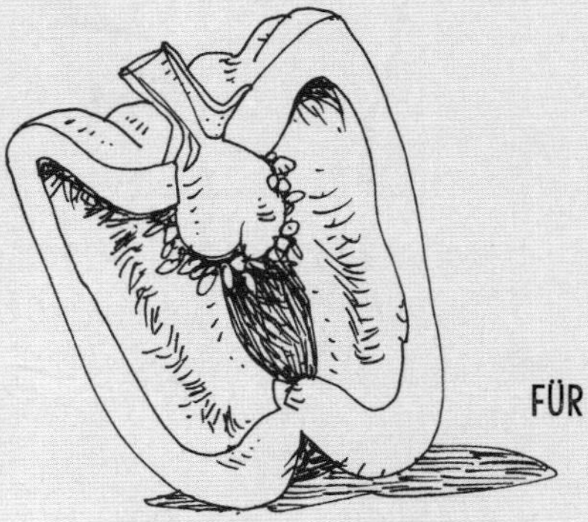

FÜR 3–4 PERSONEN

1 Zucchini
1 Aubergine
1 gelbe Paprikaschote
Olivenöl zum Braten
2 Knoblauchzehen
200 g Feta
Pfeffer aus der Mühle, Oregano
4 große Scheiben Bauernbrot, mindestens **1 cm dick**

Zucchini und Aubergine waschen und in kleine Würfel schneiden. Die Paprikaschote waschen, aufschneiden und die Kerne entfernen. In kleine Stücke schneiden. Das Gemüse in Olivenöl kräftig anbraten. Knoblauch durch eine Presse drücken, Feta in Würfel schneiden. Beides zugeben und bei schwacher Hitze weiterbraten, bis der Feta leicht geschmolzen ist. Mit Pfeffer und Oregano abschmecken.

Den Backofen auf 220 °C vorheizen, die Brotscheiben darin 2 Minuten rösten. Dann die Gemüse-Käse-Masse darauf verteilen und nochmals 7–8 Minuten weiterbacken.

VEGANE AVOCADO-CROSTINI

FÜR 3–4 PERSONEN

1 EL weißer Balsamessig
1 TL Zitronensaft
1 TL dunkle Sojasauce
1 große Knoblauchzehe
200 g Seidentofu
2 reife Avocados
4 große Scheiben Bauernbrot, mindestens **1 cm dick**
Salz, Pfeffer aus der Mühle

Aus Balsamessig, Zitronensaft, Sojasauce, Salz und Pfeffer eine Marinade herstellen. Die Knoblauchzehe durch die Presse drücken und zugeben. Seidentofu in kleine Stücke schneiden und in der Marinade etwa eine Stunde ziehen lassen. Avocados schälen, entsteinen und klein schneiden. Die Avocadostückchen ebenfalls zur Marinade geben und gut unterrühren. Überflüssige Marinade abgießen.

Den Backofen auf 220 °C vorheizen. Die Brotscheiben darin 2 Minuten anrösten. Dann die Avocado-Tofu-Masse darauf verteilen und nochmals 7–8 Minuten weiterbacken.

GEMÜSE-CROSTINI MIT FETA

BURRATA-STULLE

FÜR 2 PERSONEN

2 dicke Scheiben Sauerteigbrot
2 kleine Burrata oder Büffelmozzarella
150 g bunte Kirschtomaten
2 EL Basilikum-Pesto
2 EL weißer Balsamicoessig
3–5 EL Olivenöl
1 Handvoll frische Basilikumblätter
Grobes Meersalz, Pfeffer aus der Mühle, Olivenöl

Die Brotscheiben in einer Pfanne mit 1–2 Esslöffeln Olivenöl goldbraun rösten und mit Salz würzen.

Auf jede Scheibe einen Burrata geben, mit den Händen zerrupfen und auf dem Brot verteilen. Tomaten halbieren, in einer Schüssel mit Pesto, Essig und dem restlichen Olivenöl gut vermengen, mit Salz und Pfeffer würzen und auf dem Käse verteilen. Mit frischen Basilikumblättern bestreuen.

Einfach, aber gut!

☛ Ersetzen sie den Burrata mit Ricotta-Frischkäse, den sie mit Zitronensaft, Salz und Pfeffer würzen. Anstatt der Tomaten nehmen Sie jeweils eine halbe Zucchini und Aubergine, schneiden diese in grobe Würfel und braten sie in heißem Olivenöl mit Knoblauch und Rosmarin an. Nach Belieben können Sie noch 2–3 getrocknete, in Öl eingelegte Tomaten dazugeben und mitbraten.

Diese Masse dann in noch heißem Zustand auf dem Ricotta anrichten, mit Pesto beträufeln und mit geriebenem Pecorino oder Parmesan bestreuen. Buon appetito.

BROT TO GO

17-UHR-STULLE

PULLED SALMON

17-UHR-STULLE

FÜR 2 PERSONEN

1 Ciabatta
1 EL Frischkäse
3 EL Tomaten-Paprikapaste (Ajvar) oder rotes Pesto
1 Handvoll Sprossen, z. B. Alfalfa- oder Zwiebelsprossen
6 dicke Scheiben Maasdamer
6 Scheiben Tiroler Speck

Ciabatta im Ofen kurz aufbacken, halbieren und quer aufschneiden. Frischkäse und Pesto vermischen und die unteren Hälften damit bestreichen. Sprossen darauf verteilen. Mit Käse-und Speckscheiben belegen. Deckel drauf, reinbeißen und den Feierabend genießen.

PULLED SALMON

FÜR 2 PERSONEN

200 g Lachsfilet
½ Fenchelknolle
1 EL Olivenöl
20 g eingelegter Ingwer
1 EL rotes Pesto
100 g Sahnequark
2 Bagels
1 Handvoll Shiso-Kresse (ersatzweise Brunnenkresse)
Grobes Meersalz, Pfeffer aus der Mühle

Lachsfilet in eine ofenfeste Form setzen. Fenchel in hauchdünne Scheiben schneiden und um den Fisch verteilen, beides mit Salz und Pfeffer würzen und mit Olivenöl beträufeln. Im vorgeheizten Ofen bei 200 °C ca. 6–8 Minuten garen.

Den Lachs mit zwei Gabeln zerpflücken, mit dem Fenchel mischen. Ingwer sehr fein hacken, mit dem Pesto und dem Quark verrühren.

Die Bagels im Ofen kurz aufbacken, aufschneiden und die unteren Hälften mit der Quarkmischung bestreichen. Die Lachsmischung darauf verteilen und mit Kresse bestreuen.

Deckel drauf und noch warm genießen.

KNUSPER KNIFTE

FÜR 2 PERSONEN

2 Roggenbrötchen
2 EL Frischkäse
1 Handvoll Salatblätter, z. B. Rote Bete
100 g Roastbeef
1 Gewürzgurke
1 Handvoll Kartoffelchips
2 EL Senf-Mayonnaise (Dijonaise)

Die Roggenbrötchen aufschneiden und jeweils die untere Hälfte mit Frischkäse bestreichen. Salatblätter darauf verteilen und mit Roastbeef belegen. Die Gurke in feine Streifen schneiden und zusammen mit den Chips darüber verteilen. Mit der Senfsauce abschließen.

Ein herzhaft-deftiger Snack, der mit den Chips noch einen super Crunch bekommt.

KNUSPER
KNIFTE

PUTEN-PITA

FÜR 2 PERSONEN

1 Karotte
50 g Zuckerschoten
200 g Bio-Putenbrustfilet
1 TL Sambal Oelek
1 EL Paprikapaste
100 g Crème fraîche
2 Pitabrote zum Füllen
1 Handvoll Kresse, z. B. Shiso-Kresse
Meersalz, Pfeffer aus der Mühle
Zucker
Öl zum Braten

Die Karotte schälen und mit den Zuckerschoten in feine Streifen schneiden. Die Putenbrust in einer heißen Pfanne mit etwas Öl goldbraun von beiden Seiten braten, mit Salz und Pfeffer würzen. Aus der Pfanne nehmen und im Bratfett die Gemüsestreifen 2 Minuten anschwitzen.

Sambal Oelek, Paprikapaste und Crème fraîche verrühren, mit Salz, Pfeffer und einer Prise Zucker abschmecken.

Die Pitabrote in einer Pfanne oder im Ofen kurz aufbacken. Putenbrust in Streifen schneiden und in die Brote verteilen. Das Gemüse daraufgeben und zum Schluss mit der Sauce überziehen. Mit frischer Kresse bestreuen.

☛ Tauschen Sie das Putenfleisch doch einfach einmal gegen ein mit etwas Rosmarin und Knoblauch kurz gebratenes Lammfilet aus. Statt der Paprikacreme passt dazu ein mit Salz, Pfeffer, Zucker und gemahlenem Cumin gewürzter Sahnejoghurt. Ein paar untergerührte frische Minzstreifen runden die Lamm-Pita ganz wunderbar ab.

ALPENGRUSS

FÜR 2 PERSONEN

2 Roggenbrötchen
2 Scheiben Leberkäs
2 Eier
100 g Sauerkraut, fertig gekocht
2 EL Mayonnaise
1 EL grober bayerischer Senf
½ Bund Schnittlauch
Grobes Meersalz, Pfeffer aus der Mühle, Butter zum Braten

Die Roggenbrötchen im Ofen kurz aufbacken. Etwas Butter in einer Pfanne zerlassen und die Leberkässcheiben darin anbraten. Die Eier zur gleichen Zeit einer zweiten Pfanne zu Spiegeleiern braten, mit Salz und Pfeffer würzen.

Sauerkraut 3-4 Minuten in einem Topf erwärmen. Mayonnaise und Senf verrühren, Brötchen quer aufschneiden, die unteren Hälften mit der Mischung bestreichen, warmes Sauerkraut darauf verteilen, Leberkäs und Spiegelei daraufgeben. Schnittlauch in Röllchen schneiden und darüberstreuen. Deckel drauf und auf geht's.

Ein Hefeweizen dazu, gerne auch alkoholfrei, perlt richtig gut.

RÜHREI
TO GO

RÜHREI TO GO

FÜR 2 PERSONEN

4 Scheiben Mohnweißbrot
100 g Frischkäse
50 g Schinkenaufschnitt
4 Eier
2 EL Sahne
1 Bund Schnittlauch
Grobes Meersalz, Pfeffer aus der Mühle, frische Kresse, Butter zum Braten

Die Brotscheiben in einer beschichteten Pfanne oder im Toaster rösten. Etwas abkühlen lassen und dann mit Frischkäse bestreichen. Auf 2 Scheiben den Schinken verteilen.

Die Eier mit der Sahne gut verrühren, mit Salz und Pfeffer würzen. Den Schnittlauch in Röllchen schneiden und dazugeben. Butter in einer Pfanne zerlassen und bei mittlerer Hitze ein saftiges Rührei braten. Auf dem Schinken verteilen, mit frischer Kresse bestreuen.

Deckel drauf und nicht zu lange warten mit dem Aufessen.

GEMÜSE-FRITTATA TO GO

FÜR 2 PERSONEN

4 Scheiben Bauernbrot
½ Paprika
½ Zucchini
4 Champignons
¼ Fenchel
3 Eier
4 EL Sahne
80 g Bergkäse, gerieben
1-2 EL Öl zum Braten
Salz und Pfeffer aus der Mühle
2 EL Remoulade
2-3 Salatblätter

Das Brot in einer Pfanne oder im Ofen kurz rösten.

Die Gemüse waschen, putzen und kleinschneiden. Eier mit Sahne verquirlen, mit Salz und Pfeffer abschmecken. Öl in einer Pfanne erhitzen, die Gemüse darin etwa 5 Minuten dünsten. Mit der Eimasse übergießen, Käse aufstreuen und abgedeckt auf kleinster Stufe etwa 5 Minuten stocken lassen. Falls notwendig, die Frittata vorsichtig wenden und nochmals 1 bis 2 Minuten stocken lassen.

2 Scheiben geröstetes Brot mit Remoulade bestreichen, Salatblätter waschen, trocken tupfen und auflegen und die halbierte Frittata darauf platzieren. Mit einer zweiten Brotscheibe abdecken.

BANH MI

2 Mini-Ciabattas oder krosse Baguettebrötchen
150 g Party-Garnelen
½ Papaya
2 Stängel Frühlingszwiebeln
1 Tomate, ca. **50 g**
2 EL Sesam
1 Chilischote
1 EL Limettensaft
50 g Sojabohnensprossen
1 Handvoll Salatblätter, z. B. Rote-Bete-Blätter oder Lollo Bionda
1 Handvoll Korianderblättchen
2 EL Mayonnaise
2 EL Teryaki-Sauce oder süße Sojasauce

FÜR 2 PERSONEN

Die Brote im Ofen kross aufbacken. Garnelen grob zerkleinern. Papaya entkernen, schälen und in kleine Würfel schneiden. Frühlingszwiebeln putzen und in feine Ringe, Tomate in kleine Würfel schneiden.

Den Sesam in einer beschichteten Pfanne goldbraun rösten. Die Chilischote längs halbieren, entkernen und in feine Ringe schneiden. Alles in eine Schüssel geben, Limettensaft dazugeben und mit den Garnelen mischen.

Sojabohnensprossen in ein Sieb geben und kurz mit kochendem Wasser überbrühen.

Die Brote so aufschneiden, dass eine Tasche entsteht. Zuerst mit Salatblättern und Sojabohnensprossen füllen. Dann die Garnelenmischung darin verteilen, mit Korianderblättchen bestreuen. Mayonnaise und Teryaki-Sauce verrühren und zum Schluss die Banhs damit beträufeln.

Die Franzosen haben das Brot nach Vietnam gebracht, die Vietnamesen haben gezeigt, wie man es einmal anders füllt. Für eine vegetarische Variante können die Garnelen auch gut durch kräftig angebratenen Tofu ersetzt werden.

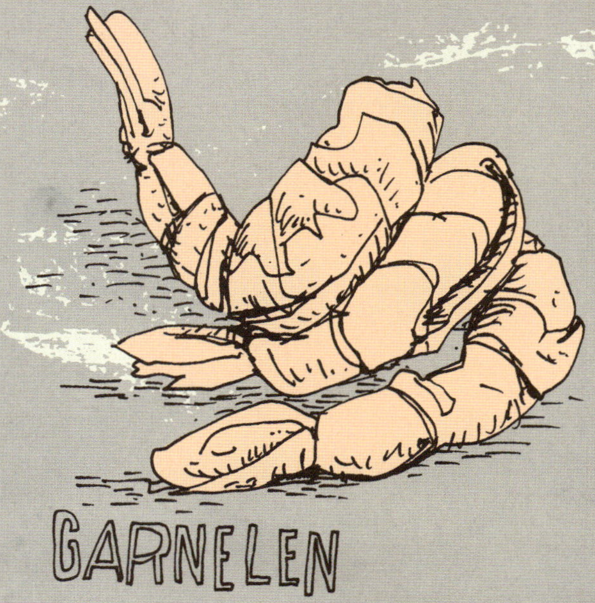

PASTRAMI-LUNCH

FÜR 2 PERSONEN

4 Scheiben Sandwichtoast
2 EL Frischkäse
1 EL körniger Senf
100 g Pastrami, dünn geschnitten
1 Handvoll grüner Salat, (zum Beispiel Portulak, Rübstiel, Rucola)
1 Handvoll Sprossen, (zum Beispiel Alfalfa oder Broccolisprossen)
2–3 EL Mango-Cranberry-Chutney (siehe S. 40)

Die Sandwichscheiben in einer Grillpfanne rösten oder toasten.

Frischkäse mit Senf verrühren und zwei Scheiben damit bestreichen. Mit Salat und Sprossen belegen, Pastrami darauf platzieren, das Chutney darüber verteilen und mit den anderen beiden Sandwichscheiben belegen.

In Pergamentpapier einwickeln und mit dem Papier diagonal halbieren. Ohne Papier genießen. Ein erfrischendes und würziges Erlebnis.

AVOCADO-KAMM (VEGAN)

AVOCADO-SPECK-TOAST

VEGANER AVOCADO-KAMM

FÜR 1–2 PERSONEN

Die Knoblauchzehe in feine Scheiben schneiden und mit dem Olivenöl in einer Pfanne anschwitzen. Die Sandwichscheiben darin goldbraun braten, mit Salz würzen. Avocado schälen, entkernen und in Spalten schneiden, mit Limettensaft beträufeln. Hummus auf die Brotscheiben streichen, Avocadospalten fächerartig darauf anrichten, mit Salz und Chiliflocken würzen. Zum Schluss mit Korianderblättchen bestreuen.

½ Knoblauchzehe
2 EL Olivenöl
2 Scheiben Sandwichtoast
1 Avocado
1–2 TL Limettensaft
4 EL Hummus (aus dem Glas oder frisch aus dem türkischen Lebensmittelgeschäft)
Chiliflocken, grobes Meersalz, **1 Handvoll** Korianderblättchen

AVOCADO-SPECK-TOAST

FÜR 2 PERSONEN

Die Eier hart kochen.

Die Knoblauchzehe in feine Würfel schneiden. Die Brotscheiben nacheinander in einer Pfanne mit Olivenöl und Knoblauch kross braten, mit etwas Salz würzen.

Avocado schälen, entkernen und zusammen mit Schmand und Limettensaft mit einem Mixer pürieren, mit Salz und Pfeffer abschmecken. Die Peperoni längs halbieren, entkernen, in feine Würfel schneiden und unter das Avocadopüree mischen.

Den Bacon in einer beschichteten Pfanne ohne Fett kross rösten. Die Eier pellen und (eventuell mit einem Eierschneider) in dünne Scheiben schneiden.

Die unteren Brotscheiben mit Avocadopüree bestreichen, Speckscheiben und Eischeiben darauf verteilen, Rucola darüber geben.

Deckel drauf, auf die Hand und auf dem Weg zur U-Bahn verzehren.

2 Eier
1 Knoblauchzehe
4 Scheiben Kastenweißbrot
3–4 EL Olivenöl
1 reife Avocado (Sorte Hass)
100 g Schmand oder saure Sahne
3–4 EL Limettensaft
1 rote Peperoni, frisch
100 g Bacon
1 Handvoll Rucola
Grobes Meersalz, Pfeffer aus der Mühle

ROGGENSTANGE

FÜR 2 PERSONEN

Roggenstangen im Ofen kurz erwärmen, aufschneiden und mit Pesto bestreichen. Abwechselnd Parmesan, Schinken(speck), Sprossen und Kresse in die Stangen füllen, in Papier oder Folie einwickeln und für magere Zeiten aufheben.

2 dünne Roggenstangen
2 EL rotes Pesto
50 g gehobelter Parmesan
50 g dünner Tiroler Schinkenspeck oder luftgetrockneter Schinkenaufschnitt
1 Handvoll Sprossen, z. B. Rote Bete
1 Handvoll Kresse (Shiso oder Brunnenkresse)

SALSICCIA-KNIFTE

FÜR 2 PERSONEN

Brote im Ofen erwärmen. Salsiccie in Scheiben schneiden. Paprika in Streifen schneiden, Rucola putzen und waschen.

Salsiccie in einer beschichteten Pfanne ohne Fett bei starker Hitze anbraten, Paprika zugeben und beides zusammen 2 Minuten braten. Brote aufschneiden, untere Hälften mit Pestocreme bestreichen, mit Rucola belegen und dann Salsiccia und Paprika darauf verteilen. Mit Parmesan bestreuen.

2 kleine Ciabatta oder Baguttestangen
2 Fenchel-Salsiccie
½ rote Paprikaschote
1 Handvoll Rucola
2 EL Pestocreme (siehe S. 11)
3–4 EL geriebener Parmesan

☛ Das Würzen übernimmt in diesem Fall die Wurst. Wer es scharf mag, der würzt mit Chilipfeffer nach.

SALSICCIA-KNIFTE

ROGGENSTANGE

FÜR FREUNDE

GEFÜLLTES BROT MIT GRILLGEMÜSE

BROTKUGELN

GEFÜLLTES BROT MIT GRILLGEMÜSE

FÜR 6–8 PERSONEN

1 Laib Roggenmischbrot oder Sauerteigbrot
100 g Hummus (in türkischen Lebensmittelläden und manchen Supermärkten erhältlich)
1 Zucchini
1 Aubergine
1 Paprikaschote
1 Knoblauchzehe
200 g Feta
100 g halbgetrocknete Tomaten, in Öl eingelegt
Grobes Meersalz, Pfeffer aus der Mühle, Thymianblättchen, Olivenöl zum Braten und Beträufeln

Von dem Brotlaib im oberen Drittel quer einen Deckel abschneiden. Mit einem Esslöffel oder Melonenausstecher die innere Krume herausschaben, dabei an den Seiten und nach unten ca. 2 cm Rand stehen lassen. Die Brotreste aufheben und z. B. für Brotkugeln (siehe S. 97) benutzen. Das Brot mit Hummus ausstreichen.

Die Zucchini und die Aubergine in Scheiben, die Paprikaschote in breite Streifen, Knoblauch in feine Würfel schneiden. Nacheinander in einer Pfanne mit Olivenöl die Gemüsesorten 3–5 Minuten braten, dabei jeweils einen Teil der Knoblauchwürfel zugeben und mit Salz, Pfeffer und Thymianblättchen würzen.

Feta in Scheiben schneiden. Abwechselnd die gebratenen Gemüse und den Feta in das Brot schichten, jede Schicht etwas festdrücken. Mit den eingelegten Tomaten abschließen und mit etwas Olivenöl beträufeln. Den Deckel daraufsetzen, fest andrücken und das Brot in Alufolie gewickelt für 1–2 Stunden mit einem schweren Gegenstand (z. B. Dose oder Gusseisenpfanne) beschweren. Wenn die Gäste kommen, wie eine Torte aufschneiden.

Entweder solo genießen, mit einem Quarkdip dazu, oder zum Grillabend.

BROTKUGELN

FÜR 6–8 PERSONEN

200 g Brot ohne Rinde
2–3 EL Olivenöl
100 g Pinienkerne
50 g getrocknete Tomaten
50 g grüne Oliven ohne Stein
50 g getrocknete Feigen
50 g Parmesan, gerieben
1 Handvoll Petersilienblättchen
1 TL Sambal Oelek
75 g Butter, zimmerwarm
Salz

Zuerst ein Backblech mit Backpapier auslegen und den Backofen auf 200 °C vorheizen. Das Brot mit einem Messer grob hacken, auf dem Backblech verteilen, mit Olivenöl beträufeln. Die Pinienkerne dazugeben und bei 200 °C ca. 3–5 Minuten knusprig goldbraun rösten.

Abkühlen lassen. Die getrockneten Tomaten in kochendes Wasser mit etwas Salz geben und ca. 5 Minuten bei kleinster Hitze köcheln. Auf einem Sieb abtropfen lassen, grob hacken. Die Feigen in Stücke schneiden, die Petersilie hacken. Alle Zutaten in einem Blitzhacker zerkleinern.

Aus der Masse walnussgroße Kugeln kneten und für mindestens 30 Minuten kühl stellen.

TRAMEZZINI-
ROLLEN

FÜR 6–8 PERSONEN

150 g Frischkäse
2 TL Wasabipaste (japanischer Meerrettich)
3 Scheiben Tramezzini
1 Handvoll Babyspinatblätter
100 g Räucherlachs
2 Eier
3 EL dunkle Sojasauce
1 Handvoll Sesam
Öl zum Braten

Den Frischkäse mit Wasabipaste verrühren und die Tramezzinischeiben damit bestreichen. Die Spinatblätter waschen und trocken schleudern, die Tramezzini damit belegen, den Räucherlachs daraufgeben und die Tramezzini von der kurzen Seite her fest aufrollen. Eier mit Sojasauce verquirlen und die Rollen darin wälzen, bis die Eimasse aufgesaugt ist. Die Rollen im Sesam wälzen. In einer beschichteten Pfanne reichlich Öl erhitzen, die Rollen mit der Naht nach unten in die Pfanne legen und bei mittlerer Hitze von allen Seiten knusprig braten. Auf Küchenpapier abtropfen lassen, dann in Scheiben schneiden und am besten noch warm als Aperitif zum Sekt reichen. Das Lob Ihrer Gäste ist Ihnen gewiss!

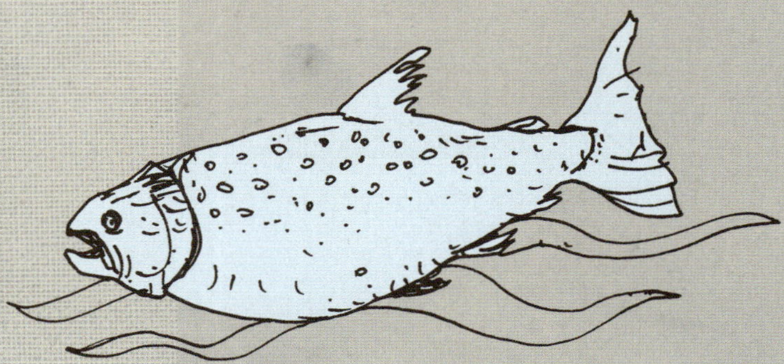

PUMPERNICKEL-TARTE

FÜR 6–8 PERSONEN

200 g Pumpernickel
60 g schwarze Oliven
60 g Butter
3 Paprikaschoten unterschiedlicher Farbe
1 Bund oder **Topf** Basilikum
600 g Ziegenfrischkäse
50 g Coppa (oder Pancetta)
Grobes Meersalz, Pfeffer aus der Mühle, Thymianblättchen

Den Pumpernickel in einer Schüssel zerbröseln, Oliven fein hacken und zugeben. Butter in einem Topf schmelzen und gut untermischen. Eine Tarteform (ø 24 cm, evtl. mit herausnehmbarem Boden, oder rechteckig, ca. 15 × 35 cm) mit Klarsichtfolie auskleiden, die Brotmischung einfüllen, verteilen, glatt streichen und etwas festdrücken. Für 20 Minuten in den Kühlschrank stellen.

Die Paprikaschoten putzen, entkernen und vierteln. Mit der Haut nach oben auf ein Backblech legen, mit etwas Olivenöl bepinseln und im vorgeheizten Backofen im oberen Drittel bei 200 °C ca. 10–12 Minuten rösten, bis die Haut dunkle Stellen bekommt. Aus dem Ofen nehmen und unter einem feuchten Tuch abkühlen lassen. Dann mit einem spitzen Messer die Haut vorsichtig abziehen und die Schoten längs halbieren.

Basilikumblättchen von den Stielen zupfen, fein schneiden und mit dem Ziegenfrischkäse vermischen. Die Masse gleichmäßig auf den Pumpernickelboden streichen. Die Paprikastreifen darauf abwechselnd verteilen, etwas festdrücken und mit Salz und Pfeffer würzen. Für 1–2 Stunden kühl stellen.

Kurz bevor die Gäste kommen, Coppa in feine Streifen schneiden und in einer beschichteten Pfanne ohne Fett knusprig rösten. Auf der Paprika verteilen. Mit Thymianblättchen garnieren.

In kleine Stücke geschnitten, eignet sich die Tarte auch als »Fingerfood«.

SCHÜTTELBROTPIZZA

FÜR 6–8 PERSONEN

150 g Blauschimmelkäse
100 g Frischkäse
1 reife Birne
2 Scheiben Schüttelbrot (à 20 cm ø)
20 g Pinienkerne
4 Scheiben Pancetta oder Bacon
30 g Parmesan, gerieben
Majoran- oder Thymianblättchen

Den Blauschimmelkäse in einer Schüssel mit einer Gabel zerdrücken und mit dem Frischkäse vermengen. Die Birne vierteln, entkernen und in Spalten schneiden.

Die Käsemasse auf die Schüttelbrote streichen, Birnenspalten darauf verteilen, mit Pinienkernen bestreuen. Pancetta oder Bacon in grobe Stücke zerpflücken und darüber verteilen. Zum Schluss mit Parmesan und mit Majoran oder Thymian bestreuen.

Im vorgeheizten Backofen bei 200°C ca. 6-8 Minuten überbacken. Mit Hilfe eines großen Messers die Brote in Stücke teilen und so heiß wie möglich verzehren.

Ein Schlückchen Weißwein dazu ist eine nette Begleitung.

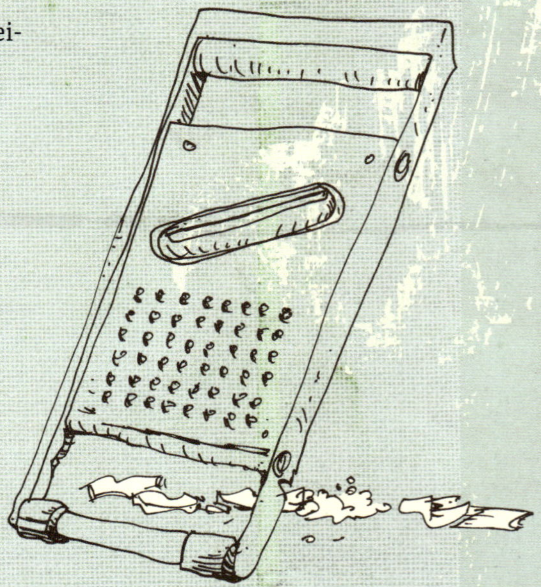

☛ Schüttelbrot ist eine Südtiroler Spezialität. Das Fladenbrot aus Roggenmehl ist meist mit Kümmel, Anis und Fenchel gewürzt und sehr knusprig. Manche Bäcker bieten Schüttelbrot an, ansonsten ist es über das Internet bestellbar.

SCHARFE
DATTELN

FÜR 6–8 PERSONEN

18-20 große Datteln
100 g Pumpernickel
1 frische rote Peperoni
6 Scheiben Coppa oder Bacon
1 TL Garam Masala
1 Prise Zimtpulver
1 TL brauner Zucker

Die Datteln längs aufschlitzen, den Kern herausnehmen. Den Pumpernickel fein zerbröseln, die Peperoni längs halbieren, entkernen und in sehr feine Streifen schneiden. Coppa oder Bacon fein würfeln. Eine beschichtete Pfanne erhitzen, den Speck darin ohne Fett kurz anschwitzen, dann Pumpernickel, Peperoni, Gewürze und Zucker zugeben und für 2-3 Minuten erhitzen, bis der Zucker geschmolzen ist. In einer Schüssel abkühlen lassen und dann mit einem Teelöffel die Datteln mit der Masse füllen.

Als kleiner, besonderer Partysnack findet diese Dattel schnell Freunde.

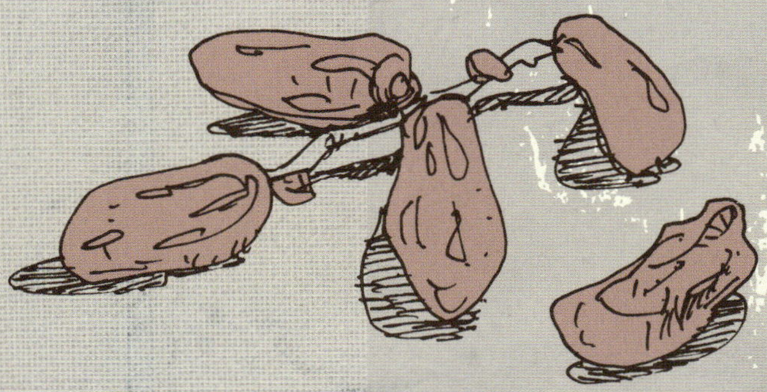

PRESSBROT

FÜR 6–8 PERSONEN

100 g körniger Frischkäse (Hüttenkäse)
1 TL scharfes Currypulver
4 Scheiben Tramezzini (rechteckig)
½ Avocado
2 hartgekochte Eier
8 Stangen Surimi
1 Handvoll Korianderblättchen
Grobes Meersalz, Pfeffer aus der Mühle

Sandwichtoaster

Den körnigen Frischkäse mit Curry verrühren, mit Salz und Pfeffer würzen. Die rechteckigen Tramezzinischeiben in der Mitte halbieren, sodass acht gleichgroße Quadrate entstehen. 4 Scheiben jeweils mit Frischkäse bestreichen, dabei einen fingerbreiten Rand frei lassen. Avocado schälen, entsteinen und vierteln. Eier pellen und ebenfalls vierteln. Auf dem Frischkäse jeweils ein Avocadoviertel, zwei Surimistangen, zwei Eiviertel platzieren, mit Salz, Pfeffer würzen und mit Korianderblättchen belegen. Die anderen vier Scheiben als Deckel darauflegen und im Sandwichtoaster zusammengedrückt goldbraun toasten. Danach diagonal durchschneiden.

GURKENSANDWICH

FÜR 2–4 PERSONEN

4 Scheiben Sandwichtoast
150 g Meerrettichfrischkäse
1 Mini-Salatgurke
100 g Räucherlachs
1–2 EL Lachskaviar oder Seehasenrogen
1 Handvoll Schnittlauchhalme oder frischer Dill

Sandwichscheiben mit einem Messer entrinden.

Alle Scheiben gleichmäßig mit dem Frischkäse bestreichen. Salatgurke mit einem Hobel oder scharfem Messer längs in dünne Scheiben schneiden. 2 Brotscheiben mit der Gurke, die anderen beiden Scheiben mit dem Lachs belegen.

Die Gurkenbrote auf dem Lachs stapeln und dann jeweils in drei Stücke schneiden. Mit Lachskaviar, Kaviarersatz und frischen Kräutern garnieren. Als kleine Appetithäppchen zum Aperitif nicht nur ein Augenschmaus.

VITELLO-TONNATO-SANDWICH

FÜR 3 PERSONEN

6 Scheiben Sandwichtoast
150 g Thunfisch-Rillette (siehe S. 18)
100 g Sahnejoghurt
3 hart gekochte Eier
1 Handvoll grüner Salat, (zum Beispiel Portulak)
100 g Kalbfleischaufschnitt, hauchdünn geschnitten, oder geräuchte Pute

Die Sandwichscheiben entrinden. Rillette mit dem Sahnejoghurt vermischen und pürieren. Alle Scheiben gleichmäßig mit der Thunfischcreme bestreichen. Eier mit einem Eierschneider in Scheiben schneiden und auf 3 Scheiben verteilen, mit Salat belegen und darauf den Aufschnitt verteilen. Die anderen Toastscheiben jeweils als Deckel darauf setzen, etwas andrücken und schräg halbieren oder in kleine Quadrate schneiden.

THEO'S PIZZA

PARTYBRÖTCHEN MIT THUNFISCH UND PAPAYA-MANGO-SALAT

THEO'S PIZZA

FÜR 6–8 PERSONEN

1 Fladenbrot
4 EL Olivenöl
1 Zwiebel
300 g gemischtes Hackfleisch
4 EL Barbecuesauce
200 g Tomatensauce
50 g geriebener Pizzakäse
250 g Mozzarella
100 g Kirschtomaten oder Mini-Roma-Tomaten
2 EL Basilikum-Pesto (siehe S. 11)
Grobes Meersalz, Pfeffer aus der Mühle, Olivenöl zum Braten

Das Fladenbrot mit einem langen Brotmesser quer halbieren und die Hälften jeweils mit der Schnittfläche nach unten in einer Pfanne mit 2 Esslöffeln Olivenöl goldbraun braten. Mit der gebratenen Schnittfläche nach oben auf ein Backblech legen.

Die Zwiebel in feine Würfel schneiden. Das Hackfleisch in einer Pfanne mit etwas Olivenöl krümelig anbraten, Zwiebel zugeben und alles knusprig braten, mit Salz, Pfeffer würzen. Die Barbecuesauce zugeben, gut durchmischen und die Pfanne vom Herd nehmen.

Die Brote mit der Tomatensauce bestreichen, den Pizzakäse gleichmäßig daraufstreuen, dann die Hackfleischmasse darauf verteilen.

Den Mozzarella in Scheiben schneiden und verteilen. Tomaten in Scheiben schneiden und in den Zwischenräumen verteilen. Mit Pesto beträufeln und im vorgeheizten Ofen bei 225 °C ca. 10–12 Minuten backen.

Mit einem Pizzaroller in Stücke schneiden und vorsichtig zubeißen, sonst verbrennt man sich den Gaumen.

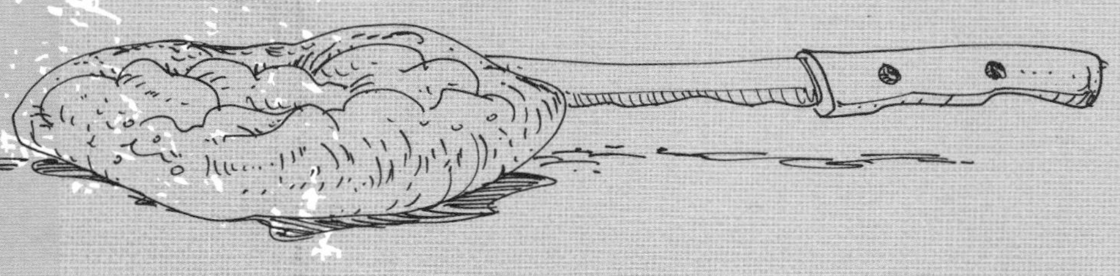

PARTYBRÖTCHEN MIT THUNFISCH UND PAPAYA-MANGO-SALAT

FÜR 8–10 PERSONEN

½ Menge Grundteig Weizenmischbrot (siehe S. 147) oder
1 Packung Pizzabrötchen aus dem Kühlregal
400 g frisches Thunfischfilet
3 EL Teriyaki-Sauce oder dunkle Sojasauce
½ Papaya
½ Mango
3 Frühlingszwiebeln
1 Strauchtomate
1 rote Chilischote
Saft von **1** Limette
3 EL Sesamöl
Je **1 Handvoll** Koriander-und Thai-Basilikumblättchen
Salz, Pfeffer aus der Mühle, Sesam, Mohn, Schrot, Mehl zum Bestäuben

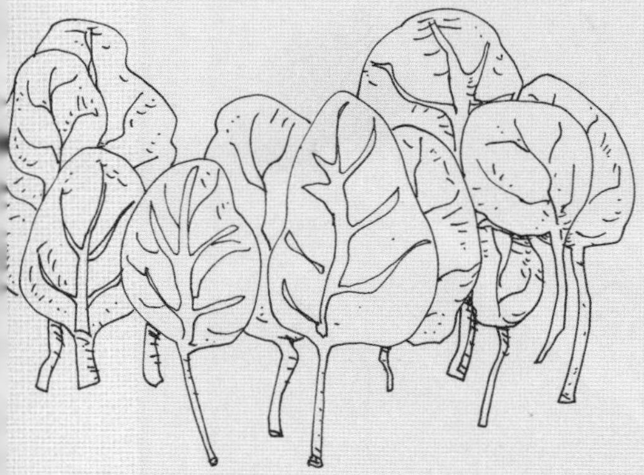

Den Teig auf einer bemehlten Arbeitsfläche zu einem 4 cm dicken Strang kneten. Mit einem Messer in fingerdicke Scheiben schneiden und diese zu Kugeln formen. Auf ein Backblech setzen, mit Wasser bepinseln und mit Sesam, Mohn oder Schrot bestreuen. 10 Minuten gehen lassen und dann im vorgeheizten Backofen bei 200 °C ca. 15–18 Minuten backen.

Den Thunfisch in fingerdicke Scheiben schneiden und mit der Teriyakisauce marinieren.

Papaya-und Mangofleisch in feine Würfel, Frühlingszwiebeln in dünne Ringe schneiden. Die Tomate vierteln, entkernen und ebenfalls in feine Würfel schneiden. Die Chilischote längs halbieren, entkernen und in sehr feine Ringe schneiden. Alles zusammen mit dem Limettensaft und dem Sesamöl in einer Schüssel gut mischen. Koriander-und Thai-Basilikumblättchen grob hacken und unterrühren.

Die Thunfischscheiben mit Küchenpapier trocken tupfen und in einer beschichteten Pfanne mit etwas Olivenöl für 1 Minute auf jeder Seite braten, mit etwas Salz und Pfeffer würzen. Scheiben halbieren oder vierteln.

Die Brötchen quer aufschneiden, Mango-Papaya-Salat auf den unteren Hälften verteilen, die Thunfischstücke darauf platzieren, Deckel drauf und mit einem Pieker oder Zahnstocher feststecken.

FÜR 6–8 PERSONEN

GEFÜLLTE FOCCACIA MIT DREIERLEI KÄSE UND SCHINKEN

½ Menge Grundteig Weizenmischbrot (siehe S. 147)
100 g Gorgonzola
100 g Mozzarella
50 g geriebener Bergkäse
100 g gekochter Schinken, hauchdünn geschnitten
1 Handvoll Petersilienblättchen
Olivenöl, grobes Meersalz
1 Zweig Rosmarin

Den Teig auf einer bemehlten Arbeitsfläche zu einem Quadrat ausrollen. Gorgonzola mit den Händen zerbröckeln, Mozzarella würfeln. Die eine Hälfte des Teiges mit den Käsesorten bestreuen, dabei einen fingerbreiten Rand frei lassen.

Schinken und Petersilienblättchen darauf verteilen und die andere Teighälfte darüberklappen, an den Rändern festdrücken. Mit Olivenöl bepinseln und mit grobem Meersalz und Rosmarin bestreuen.

Auf ein mit Backpapier ausgelegtes Backblech legen, 10 Minuten ruhen lassen und dann im vorgeheizten Backofen bei 200 °C ca. 17–20 Minuten goldbraun backen. So heiß wie möglich aufschneiden und essen.

BREZELTERRINE

FÜR 6–8 PERSONEN

250 g Laugengebäck
250 ml Milch
1 Lauchstange
1 Bund Petersilie
4 Eier, Größe L
150 g Fleischwurst
50 g geriebener Emmentaler
Grobes Meersalz, Pfeffer aus der Mühle,
gemahlener Muskat

Das Laugengebäck in dünne Scheiben schneiden und in eine Schüssel füllen. In einem Topf die Milch erhitzen und die Brotscheiben mit der kochend heißen Milch übergießen. 10 Minuten quellen lassen.

Lauchstange putzen, waschen, in feine Ringe schneiden und in siedendem Salzwasser für 1–2 Minuten blanchieren. Mit kaltem Wasser abschrecken und in einem Sieb abtropfen lassen. Petersilie fein hacken. Eier in einer Schüssel verquirlen und zusammen mit der Petersilie und dem Lauch zum Brot geben. Die Masse mit Salz, Pfeffer und Muskat würzen und gut durchmengen. Fleischwurst in dünne Scheiben schneiden. Eine Kastenform (12 × 20 cm) mit Butter einfetten und abwechselnd Brotmasse und Fleischwurst in die Form einschichten. Zum Schluss mit geriebenem Käse bestreuen und im vorgeheizten Backofen bei 175 °C ca. 30–35 Minuten backen. Danach in der Form 10 Minuten ruhen lassen, vorsichtig stürzen und in Scheiben schneiden. Noch warm genießen, am besten begleitet von einem knackigen Salat.

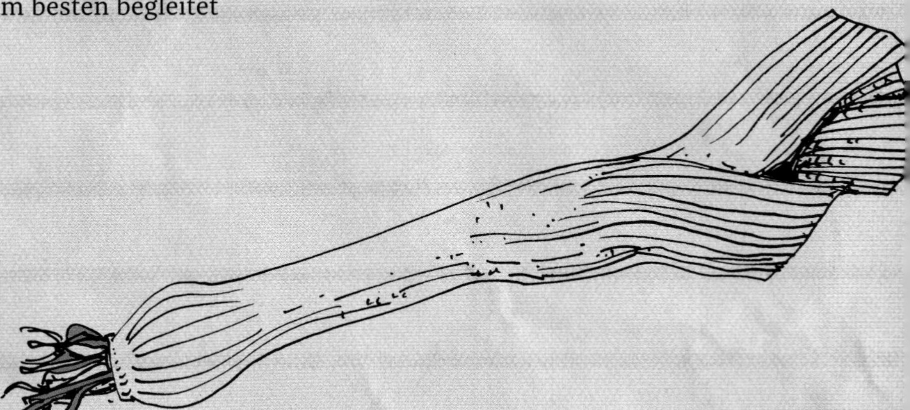

VOLLKORN-KÄSELAIBCHEN

FÜR 6–8 PERSONEN (ERGIBT 16–18 LAIBCHEN)

250 g saftiges Vollkornbrot
50 g zarte Haferflocken
1 Möhre
1 Stück Sellerieknolle, ca. **50 g**
1 Zwiebel
2 EL Olivenöl
100 g Brie
30 g frisch geriebener Parmesan
4 Eier, Größe L
100 g Schmand
1 Bund Schnittlauch
Öl zum Braten
Grobes Meersalz, Pfeffer aus der Mühle

Vollkornbrot im Blitzhacker zerkleinern oder mit dem Messer fein hacken. Mit den Haferflocken in einer Schüssel mischen. Möhre, Sellerie und Zwiebel in feine Würfel schneiden. In einer Pfanne das Olivenöl erhitzen und das Gemüse 2–3 Minuten darin dünsten. Danach vom Herd nehmen und abkühlen lassen. Brie in kleine Würfel schneiden. Alles zusammen mit Parmesan, Eiern und Schmand zum Brot in eine Schüssel geben und gut durchmengen. Schnittlauch in Röllchen schneiden und untermischen, mit Salz und Pfeffer würzen.

In einer beschichteten Pfanne etwas Öl erhitzen und mit einem Esslöffel einzelne Portionen der Masse in die Pfanne geben. Mit dem Löffel die Laibchen etwas flach drücken und bei mittlerer Hitze goldbraun ausbacken.

Mit einem frischen Kräuterquark oder Joghurtdip warm servieren.

BROT-TARTE-TARTIN

FÜR 6–8 PERSONEN

125 g Roggenmehl Type 815
125 g Weizenmehl Type 405
1 TL Trockenhefe
1 TL Zucker
1 TL Salz
1 EL Brotgewürzmischung oder selbst mischen aus gemahlenem Kümmel, Koriander und Fenchel
1 EL Olivenöl
15 kleine rote Zwiebeln (ca. **500 g**)
2–3 Zweige Thymian
1 EL Butter
2 EL weiße Balsamicocreme
Grobes Meersalz, Pfeffer aus der Mühle

Ofenfeste Pfanne (ø 24 cm)

Mehlsorten, Hefe, Zucker, Salz und Brotgewürz in einer Schüssel mischen. Öl und 125 ml handwarmes Wasser zugeben und mit den Knethaken des Handrührgerätes zu einem glatten Teig kneten. Mit einem Tuch bedeckt an einem warmen Ort mindestens 30 Minuten gehen lassen. Der Teig sollte sich sichtbar vergrößert haben, bevor Sie ihn weiterverarbeiten.

Die Zwiebeln schälen und quer halbieren. Thymianblättchen von den Stielen zupfen. Die Butter in einer ofenfesten Pfanne (ø 24 cm) zerlassen, Thymianblättchen zugeben, die Zwiebelhälften mit der Schnittfläche dicht an dicht in der Pfanne verteilen und 2 Minuten anschwitzen. Vom Herd nehmen.

Den aufgegangenen Teig auf einer bemehlten Fläche noch einmal gut durchkneten und zu einem Kreis in der Größe der Pfanne ausrollen.

Die Zwiebeln mit dem Teig bedecken, etwas festdrücken und am Rand alle Lücken schließen. Noch einmal 20 Minuten gehen lassen, währenddessen den Backofen auf 200 °C vorheizen. Mit einem Messer einige Löcher in den Teig stechen und bei 200 °C ca. 25–30 Minuten backen. 10 Minuten ruhen lassen, danach die Tarte mit Hilfe eines Deckels oder einer Tortenplatte stürzen. Mit Balsamicocreme beträufeln oder bepinseln und unter dem Grill noch 4–6 Minuten überbacken, damit die Oberfläche etwas karamellisiert. Frisch aus dem Ofen genießen. Dazu passt die Dattelcreme (Seite 32) oder die Rote Ziege (Seite 27).

LECKER SÜSS

BROT-ZWETSCHGEN-AUFLAUF

FÜR 8–10 PERSONEN

½ Kastenweißbrot
6 Eier
100 g Schmand
200 ml Sahne
2 EL Vanille-Puddingpulver
1 Päckchen Bourbon-Vanillezucker
100 g Zucker
500 g Zwetschgen
Butter zum Einfetten

Das Weißbrot in dünne Scheiben schneiden. Die Eier mit Schmand, Sahne, Puddingpulver, Vanillezucker und Zucker gut verrühren. Die Zwetschgen waschen, halbieren und entsteinen.

Brotscheiben in eine gefettete Kastenform (etwa 12 × 25 cm) stellen, dazwischen die Zwetschgen füllen. Mit der Eiersahne begießen und im vorgeheizten Backofen bei 180 °C ca. 25 Minuten goldbraun backen. Noch warm servieren.

☛ Als warme Mahlzeit mit einer Kugel Vanilleeis und Schlagsahne servieren. Achtung: Suchtpotenzial

LEMON-QUARTETT

FÜR 6–8 PERSONEN

6 Scheiben Weißbrot oder Toastbrot
4 Eier
100 g Lemon Curd (siehe unten)
200 g saure Sahne
Abgeriebene Schale von **einer halben** Bio-Zitrone
200 g Beeren (Blaubeeren, Himbeeren, Johannisbeeren)
Butter zum Einfetten, Tarteletteförmchen

Die Brotscheiben in fingerdicke Streifen schneiden. Eier mit Lemon Curd, saurer Sahne und Zitronenschale gut verrühren. Tarteletteförmchen (ø ca. 10 cm) mit Butter einfetten, mit Brotstreifen füllen und mit Eiersahne auffüllen. Mit frischen Beeren bestreuen und im Ofen bei 180 °C ca. 15–18 Minuten garen.

Warm oder kalt ein Gedicht.

LEMON CURD

KÖNNEN SIE IM GLAS KAUFEN, ABER AUCH SELBST ZUBEREITEN. HIER DAS REZEPT:

3 Bio-Zitronen
150 g Zucker
3 Eier
90 g Butter

Zitronenschale waschen, dann die Schale fein abreiben. Zitronen auspressen. Zucker, Eier, Zitronensaft und 3 EL Zitronenschale in einer Schüssel verrühren und im Wasserbad unter ständigem Rühren erwärmen. Wenn die Masse eine puddingartige Konsistenz hat, vom Herd nehmen. Kalte Butter in kleine Stückchen schneiden und einzeln unter die Zitronenmasse rühren, bis eine glatte Creme entsteht. In ein bis zwei Marmeladengläser abfüllen, gut verschließen, abkühlen lassen und im Kühlschrank verwahren. Hält bis zu 2 Wochen.

☛ Lemon Curd ist ein traditioneller englischer Brotaufstrich. Superlecker aufs Frühstücksbrötchen, aber auch geeignet als Dessert mit einer Kugel Eis.

ELB-SCHMARRN

PUDDING-TWISTER

ELB-SCHMARRN

FÜR 3–4 PERSONEN

4 Scheiben Rosinenweißbrot (Stuten)
2 Eier, Größe L
150 ml Milch
50 g Zucker
1 TL gemahlener Zimt
2–3 Äpfel
3 EL Zitronensaft
2 EL Zucker
Butter zum Braten
3–4 Baisers

Das Rosinenbrot in Stücke schneiden oder grob zerrupfen und in eine Schüssel geben. Die Eier mit Milch, Zucker und Zimt verschlagen und über das Brot geben. Vorsichtig mischen und kurz warten, bis die Eiermilch aufgesaugt ist.

Äpfel schälen, vierteln, entkernen und in grobe Stücke schneiden. Mit Zitronensaft und Zucker in einem Topf bei mittlerer Hitze 5 Minuten dünsten. Etwas Butter in einer Pfanne erhitzen und bei mittlerer Hitze die Brotstücke goldbraun braten. Den Schmarrn auf Teller verteilen, Baiser darüberbröseln und das warme Apfelkompott dazu reichen.

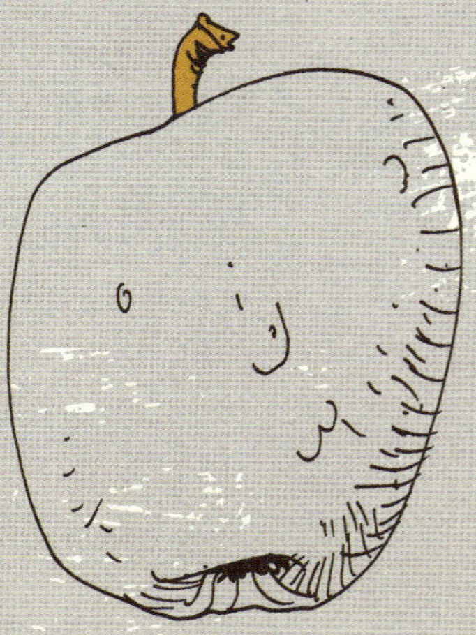

PUDDING-TWISTER

FÜR 4 PERSONEN

300 g Weizenmehl Type 405 plus etwas Mehl zum Bestäuben
½ Würfel frische Hefe
6 EL handwarme Milch
75 g Zucker
250 g Magerquark
1 Ei
70 g weiche Butter
Abgeriebene Schale von **einer halben** Bio-Zitrone
1 Päckchen backfeste Puddingcreme
250 ml Milch
1 Päckchen Vanillezucker
Salz, Zucker zum Wälzen

Das Mehl in eine Schüssel sieben. Hefe in der handwarmen Milch mit dem Zucker auflösen. In der Mitte des Mehls eine Mulde formen, die Hefemilch hineingeben und mit etwas Mehl verrühren. Mit Mehl vom Rand bedecken und mit einem Küchentuch bedeckt an einem warmen Ort gehen lassen, bis sich in der Mehloberfläche deutliche Risse zeigen.

Quark, Ei, Butter, Zitronenschale und 1 Prise Salz zugeben und mit den Knethaken der Küchenmaschine oder des Handrührers einen glatten, geschmeidigen Teig kneten. Zugedeckt an einem warmen Ort 30 Minuten gehen lassen.

Auf einer bemehlten Arbeitsfläche mit den Händen noch einmal durchkneten und anschließend zu einem Rechteck, ca. 40 × 50 cm, ausrollen. Die Puddingcreme mit Milch anrühren und eine Teighälfte damit bestreichen, dabei einen kleinen Rand frei lassen. Die andere Teighälfte darüber klappen, etwas festdrücken.

Mit einem Pizzaroller oder Messer den Teig in 4 cm breite Streifen schneiden, diese wie ein Korkenzieher ineinander verdrehen und auf ein mit Backpapier ausgelegtes Backblech legen. 10 Minuten ruhen lassen, währenddessen den Backofen auf 180 °C vorheizen. Ca. 18–20 Minuten goldgelb backen.

Vanillezucker mit 4–5 Esslöffel Zucker mischen und die noch warmen Twister darin wälzen.

☛ Dazu passt hervorragend ein lauwarmes Kompott, z. B. Mirabellenkompott.

DICKE RITTER

DICKE RITTER

FÜR 4–6 PERSONEN

4 Eier
125 ml Milch
75 g Zucker
1 Päckchen Vanillezucker
1 Prise Zimtpulver
1 reife Banane
8 Scheiben Kastenweißbrot
50 g Heidelbeeren
2 Riegel Vollmilchschokolade
Reichlich Butter zum Braten

Die Eier mit Milch, Zucker, Vanillezucker und Zimt verrühren. Die Banane mit einer Gabel grob zerdrücken. Auf 4 Brotscheiben verteilen, dabei aber einen mindestens fingerbreiten Rand frei lassen. Auf 2 Scheiben die gewaschenen und trocken getupften Heidelbeeren verteilen, die restlichen 2 Scheiben mit Schokolade belegen.

Die ersten 4 Brotscheiben vorsichtig in die Eiermilch geben und sich kurz voll saugen lassen. Mit den anderen Scheiben ebenso verfahren und als Deckel auf den Belag geben. An den Rändern etwas festdrücken.

In einer beschichteten Pfanne bei mittlerer Hitze und in Butter von beiden Seiten goldbraun braten. Noch heiß servieren und genießen.

Dieser Nachtisch ist absolut lecker, aber mächtig. Schneiden Sie ihn in kleine Stücke und verteilen ihn auf mehrere Gäste, dann sind nicht alle gleich so pappsatt.

APFEL-WALNUSS-BROT

FÜR 8–10 PERSONEN

150 g getrocknete Äpfel
50 g getrocknete Aprikosen
3 EL Zitronensaft
125 g Butter
300 g Weizenmehl Type 405
100 g Zucker
3 TL Backpulver
½ TL Zimtpulver
1 Prise gemahlene Nelken
3 Eier, Größe L
150 g Crème fraîche
150 g Walnüsse
Salz

Äpfel und Aprikosen grob zerkleinern, in eine Schüssel geben und mit Zitronensaft beträufeln. Butter in einem Topf zerlassen und leicht abkühlen lassen.

Mehl, Zucker, Backpulver, Zimt, Nelken und 1 Prise Salz in einer Schüssel mischen. Butter, Eier und Crème fraîche zugeben und alles kurz mit dem Handrührgerät durchrühren, bis eine glatte Teigmasse entstanden ist.

Die Walnüsse grob hacken und zusammen mit den Früchten unter den Teig rühren. In eine gefettete Kastenform (30 cm Länge) füllen, glatt streichen. Im vorgeheizten Backofen bei 175 °C ca. 50 Minuten backen.

Auf ein Kuchengitter stürzen und abkühlen lassen.

Dieses Brot schmeckt schon fast wie ein Kuchen. Genießen Sie das Brot einfach pur oder mit Dattelcreme, siehe Rezept Seite 32.

KIRSCH-TRIFLE

FÜR 6 PERSONEN

100 g Pumpernickel
2 EL Kirschwasser
200 g Mascarpone
100 g Joghurt
60 g Zucker plus 1 EL für den Kirschsaft
1 Päckchen Bourbon-Vanillezucker
100 ml Kirschsaft
1 EL Speisestärke
100 g Schattenmorellen
½ TL gemahlener Zimt

Den Pumpernickel zerbröseln, in eine Schüssel geben und mit Kirschwasser beträufeln. In einer weiteren Schüssel Mascarpone, Joghurt, 60 Gramm Zucker und Vanillezucker gut verrühren.

Den Kirschsaft mit 1 Esslöffel Zucker aufkochen, Stärke mit 1 Esslöffel kaltem Wasser glattrühren, zum Saft geben und einmal aufkochen. Vom Herd nehmen, Kirschen und Zimt zugeben und unterrühren.

Kleine Gläser zuerst mit Pumpernickel füllen, darauf die Mascarponemasse verteilen und zum Schluss die Kirschen darübergeben.

☞ Sie können das Rezept sehr gut variieren, indem Sie statt Kirschen und Kirschwasser zum Beispiel Zwetschgen und Zwetschgenwasser verwenden.

KNUSPRIGE BIRNE

FÜR 6 PERSONEN

3 Birnen, z. B. Williams oder Abate
3 EL Zitronensaft
3 EL Zucker
12 Stücke gefüllte Schokolade
3 Scheiben Kürbisbrot oder Weißbrot
1 TL Anissamen
40 g Butter, zimmerwarm
50 g Zucker
40 g Mandelblättchen

Birnen schälen, längs halbieren und mit einem Melonenausstecher das Kerngehäuse großzügig entfernen. Mit Zitronensaft beträufeln. Einen halben Liter Wasser mit 3 Esslöffeln Zucker aufkochen und die Birnen darin 2 Minuten leicht köcheln lassen.

Das Brot in feine Würfel schneiden, den Anissamen in einem Mörser zerstoßen. In einer Schüssel das Brot mit Butter, Zucker, Mandelblättchen und Anis zu Streuseln verkneten.

Den Backofen auf 200 °C vorheizen. Die Birnen auf ein Backblech oder in eine Auflaufform setzen, in die Mulden jeweils 2 Stücke Schokolade legen und alles mit Streuseln bedecken.

Auf der mittleren Schiene des Backofens 12–15 Minuten goldbraun überbacken. Noch heiß servieren, damit der Kern sich mit zartem Schmelz öffnet.

AMADEUS

FÜR 6–8 PERSONEN

6 Mini-Butterhörnchen
80 g Marzipan
50 g gemahlene Pistazien
100 g gefüllte Schokolade
150 g Nougat
100 ml Sahne
100 ml Milch
3 Eier, Größe L

Die Butterhörnchen der Länge nach aufschlitzen, sodass der Deckel noch dran bleibt. Das Marzipan mit den gemahlenen Pistazien verkneten und in 6 Portionen teilen. Die Schokolade ebenso in 6 längliche Stücke schneiden oder brechen. Das Marzipan jeweils etwas flach drücken und jedes Schokoladenteil damit einwickeln. Die Butterhörnchen damit füllen und etwas zusammendrücken.

Nougat über einem Wasserbad schmelzen, mit Sahne und Milch verrühren. Eier zugeben und gut verrühren.

Den Backofen auf 180 °C vorheizen. Die Hörnchen in eine ofenfeste Form setzen und mit der Nougatmilch übergießen. Bei 180 °C ca. 18–20 Minuten backen.

Noch heiß serviert, z. B. mit einer Kugel Vanilleeis, begeistert dieses feine Dessert nicht nur Mozartkugel-Kenner.

SCHOKO-BROTPUDDING
IM GLAS

FÜR 4–6 PERSONEN

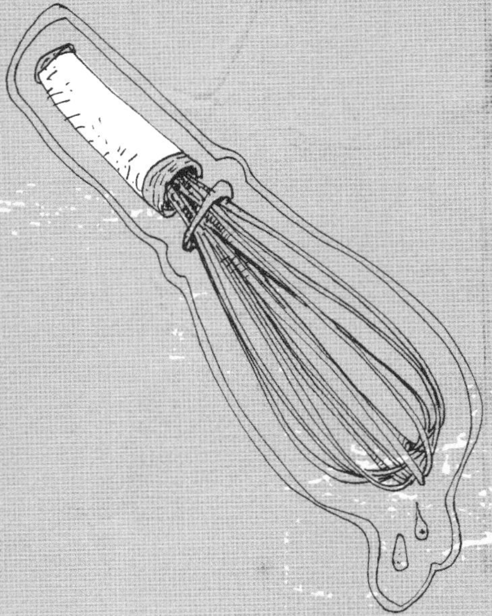

FÜR DEN PUDDING

4 Scheiben Weißbrot
80 ml Milch
1 EL Kakaopulver
1 TL Lebkuchengewürz
100 g Butter plus etwas zum Einfetten der Formen
120 g dunkle Kuvertüre
3 Eier, getrennt
80 g Zucker plus etwas zum Ausstreuen der Formen
1 EL Speisestärke
½ TL Backpulver

FÜR DIE KARAMELLSAUCE

75 g Zucker
200 ml Sahne
Etwas grobes Meersalz

Das Weißbrot entrinden und in sehr feine Würfel schneiden. Milch mit Kakao und Lebkuchengewürz erhitzen und heiß über die Brotwürfel gießen. Gut durchmischen.

Die Butter zusammen mit der Kuvertüre über einem Wasserbad schmelzen und lauwarm abkühlen lassen. Die Eier trennen, Eigelbe mit 40 Gramm Zucker cremig aufschlagen, die Schokoladenmasse nach und nach unterrühren. Stärke und Backpulver mischen und zusammen mit der Brotmasse unterrühren.

Das Eiklar zu steifem Schnee schlagen und die restlichen 40 Gramm Zucker einrieseln lassen, kurz weiterschlagen und portionsweise mit einem Schneebesen unter die Teigmasse heben.

Kleine Gläser oder eine Muffinform einfetten, mit Zucker ausstreuen und ⅔ hoch mit dem Teig füllen. Im vorgeheizten Backofen bei 170 °C ca. 25–30 Minuten backen.

Für die Karamellsauce den Zucker in einer beschichteten Pfanne schmelzen und karamellisieren. Mit der Sahne ablöschen und ca. 10–15 Minuten bei kleiner Hitze die Sauce dicklich einkochen. Abkühlen lassen.

Die warmen Puddinge mit etwas Sauce überziehen und mit ein paar Körnchen Meersalz bestreuen.

BROT BACKEN

GRUNDTEIG
FÜR EIN WEIZENMISCHBROT

500 g Weizenmehl Type 405
100 g Roggenmehl Type 815
1 Päckchen Trockenhefe
1 Päckchen Sauerteig
1 TL Salz

Weizenmehl, Roggenmehl und Trockenhefe in einer Schüssel mischen. Sauerteig, Salz und 425 ml handwarmes Wasser zugeben und mit den Knethaken des Handrührers mindestens 10 Minuten zu einem geschmeidigen Teig kneten. Der Teig sollte weich sein, aber nicht mehr kleben. Notfalls geben Sie noch etwas Mehl zu.

Den Teig mit einem feuchten Tuch abdecken und an einem warmen Ort mindestens 30 Minuten gehen lassen. Danach noch einmal gründlich durchkneten und zur gewünschten Form weiterverarbeiten. Brot auf das Blech setzen und nochmals 20–30 Minuten ruhen lassen. Die Backzeit und -temperatur ändern sich je nach Form und Größe des Brotlaibs.

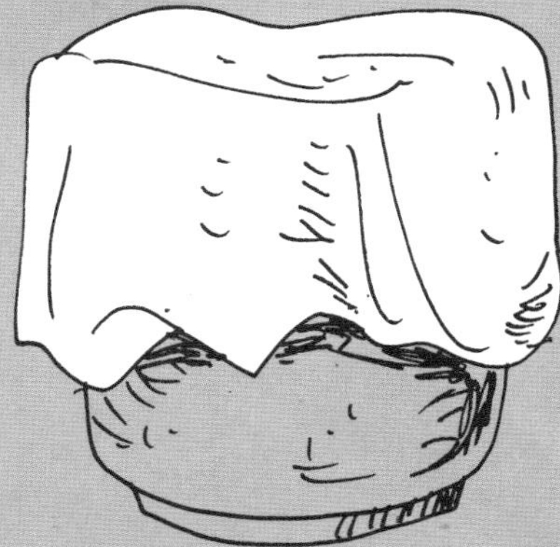

EIN TEIG, VIELE MÖGLICHKEITEN

Unser Grundteig lässt sich mit etwas Fantasie, Kreativität und Mut zu den verschiedensten Brotsorten verarbeiten. Einige Beispiele finden Sie auf den folgenden Seiten, aber es gibt noch viel mehr Möglichkeiten.

FRANKENLAIB

1 Grundteig Weizenmischbrot (siehe S. 147)
3–4 EL Brotgewürzmischung

Das Brotgewürz mit Mehl und Trockenhefe vermischen, den Teig dann so zubereiten, wie im Grundrezept angegeben. Das Brot zu einem runden Laib formen und auf einer bemehlten Fläche zugedeckt noch einmal 30 Minuten gehen lassen.

Den Backofen auf 250 °C vorheizen. Vor dem Backen das Brot kreuzförmig einschneiden und mit Mehl bestäuben. Bei 250 °C in den Ofen schieben und eine Tasse Wasser mit in den Ofen geben. 8–10 Minuten backen, dann den Ofen auf 200 °C herunterschalten und noch 40–50 Minuten weiterbacken.

200°C
40-50
MIN.

☛ Um festzustellen, ob das Brot fertig gebacken ist, klopfen Sie mit den Fingerknöcheln auf die Unterseite. Sie sollte sich hohl anhören, dann ist das Brot fertig.

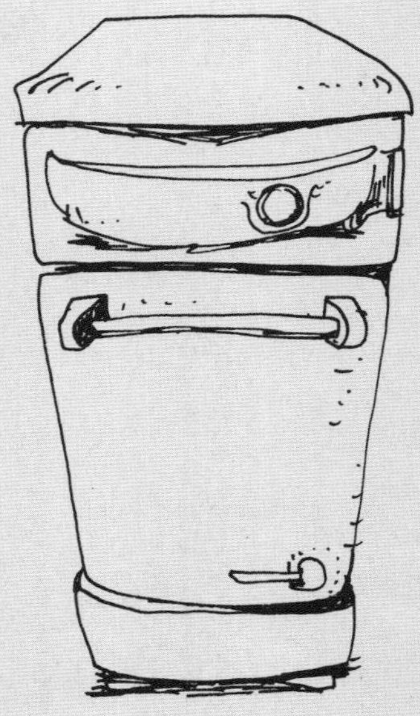

ORIENTALISCHE BRÖTCHEN

GRISSINI

MEDITERRANES FLADENBROT

KLEINE PARTYBRÖTCHEN

ORIENTALISCHE BRÖTCHEN

1 Grundrezept Weizenmischbrot (siehe S. 147)
3 EL Currypulver
1 TL gemahlener Kreuzkümmel
Etwas Maisgrieß zum Wälzen

Currypulver und Kreuzkümmel mit Mehl und Backpulver vermischen, den Teig dann so zubereiten, wie im Grundrezept angegeben. Nach dem Gehen zu orientalisch anmutenden Brötchen mit Spitzen formen, mit Wasser bepinseln und in Maisgrieß wälzen. Dann auf einem mit Backpapier belegten Backblech zugedeckt noch einmal 20 Minuten gehen lassen. Den Backofen auf 220 °C vorheizen.

Die Brötchen bei 220 °C 25–35 Minuten backen.

GRISSINI

1 Grundrezept Weizenmischbrot (siehe S. 147)
3–4 EL Olivenöl

Das Olivenöl vor dem ersten Gehen mit unter den Teig kneten. Den Teig zu dünnen Würsten rollen und diese auf einem mit Backpapier belegten Backblech noch einmal 20 Minuten gehen lassen.

Den Backofen auf 220 °C vorheizen. Die Grissini mit etwas Mehl bestäuben und 10 Minuten backen.

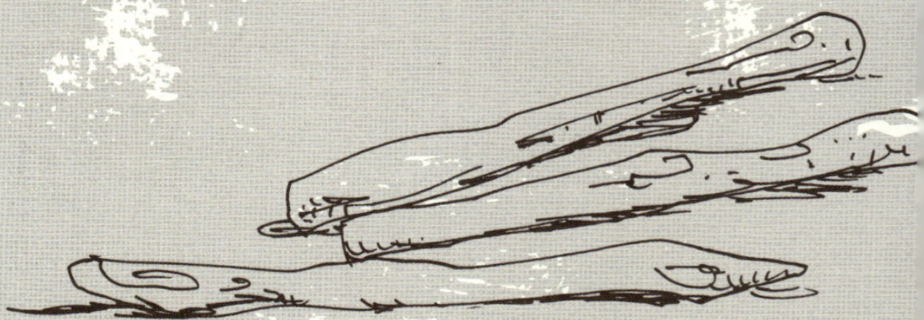

MEDITERRANES FLADENBROT

Den Teig nach dem Grundrezept zubereiten. Vor dem ersten Gehen das Olivenöl mit unterkneten. Nach dem ersten Gehen Oliven, Tomaten und Kräuter mit unterkneten und den Teig ein zweites Mal 20 Minuten gehen lassen.

Den Backofen auf 250°C vorheizen. Den Teig zu 2–3 Fladen formen, ein Backblech mit Backpapier belegen und den Teig darauf legen. Mit Olivenöl bestreichen. Bei 250 °C 8–15 Minuten backen und noch warm genießen.

1 Grundrezept Weizenmischbrot (siehe S. 147)
3 EL Olivenöl plus etwas zum Bestreichen
50 g Oliven, grob gehackt
50 g getrocknete Tomaten, grob gehackt
1 TL frische Rosmarinnadeln (gehackt) oder Thymianblättchen

KLEINE PARTYBRÖTCHEN

Den Teig zubereiten, wie im Grundrezept angegeben. Nach dem Gehen zu einer Teigrolle formen, in Stücke schneiden und kleine Brötchen daraus formen.

Ein Backblech mit Backpapier belegen und die Partybrötchen daraufgeben. Mit Wasser bepinseln und mit Maisgrieß, Sesam und Schwarzkümmel bestreuen. Den Backofen auf 220 °C vorheizen. Die Brötchen in den Ofen geben und ca. 20 Minuten backen. Frisch servieren.

1 Grundrezept Weizenmischbrot (siehe S. 147)
Maisgrieß, Sesam und/oder Schwarzkümmel zum Bestreuen

ORIENTALISCHER FLADEN

Die Gewürze mit Mehl und Trockenhefe vermischen. Das Olivenöl unter den Teig kneten. Nach dem ersten Gehen den Teig zu 2–3 Fladen formen und noch einmal 20 Minuten auf einem mit Backpapier belegten Backblech gehen lassen.

Den Backofen auf 250 °C vorheizen. Die Fladen mit Wasser bepinseln und mit dem Kreuzkümmel bestreuen. Bei 250 °C 8–15 Minuten backen. Noch warm servieren.

1 Grundrezept Weizenmischbrot (siehe S. 147)

1 TL gemahlener Kreuzkümmel
1 TL gemahlener Koriander
2 EL Currypulver
3 EL Olivenöl
3 TL Kreuzkümmel (ungemahlen) zum Bestreuen

ZWIEBELBROT

Den Teig nach dem Grundrezept zubereiten. Nach dem ersten Gehen die Zwiebeln, zimmerwarmes Schmalz und Kümmel unterkneten und den Teig ein zweites Mal 20-30 Minuten gehen lassen.

Den Backofen auf 220 °C vorheizen. Den Teig auf einer bemehlten Arbeitsfläche zu länglichen Stangen formen. Mit Wasser bepinseln und mit einem scharfen Messer schräg einige Male einritzen. In den Ofen geben und ca. 20–25 Minuten goldbraun backen.

1 Grundrezept Weizenmischbrot (siehe S. 147)
50 g Röstzwiebeln
2 EL Zwiebelschmalz
1 TL gemahlener Kümmel

REZEPTREGISTER

BROTAUFSTRICHE

HEISS BEGEHRT UND PIKANT

BROT TO GO

PAPRIKA

Maik Schacht wurde 1960 in Braunschweig geboren und studierte zunächst Biologie, bevor er sich im Alter von 25 Jahren dazu entschloss, Koch zu werden. Seine Kochausbildung, die er als Jahrgangsbester abschloss, fand im Maritim Hotel in Bad Homburg statt. Dort arbeitete er nach der Ausbildung zunächst als Pâtissier.

Es folgten verschiedene Stationen, unter anderem im renommierten Landhaus Scherrer in Hamburg sowie in Österreich und Australien.

Zurück in Deutschland, hängte er die Kochjacke an den Nagel und entschied sich für eine Tätigkeit als freiberuflicher Foodstylist. Seither hat er für viele namhafte Zeitschriften Rezepte entwickelt und ist der erfolgreiche Autor zahlreicher Kochbücher. Maik Schacht lebt und arbeitet in Hamburg.

dfv Matthaes Verlag

ISBN 978-3-87515-403-0

2. Auflage 2016

Rezepte: Maik Schacht, foodschacht.de, Hamburg
Fotografie: Matthias Hoffmann, Hoffmann Fotodesign, Delmenhorst
Konzept und Gestaltung: die basis | Ideenwerk. Kommunikation. Design.
Lektorat: Dr. Ulrike Strerath-Bolz, usb bücherbüro, Friedberg in Bayern

Printed in Germany

MIX
Papier aus verantwortungsvollen Quellen
FSC
www.fsc.org
FSC® C110508